指向核心素养的形成性评价

邵朝友 张斌 著

山东科学技术出版社
·济南·

图书在版编目（CIP）数据

指向核心素养的形成性评价 / 邵朝友，张斌著 .--济南：山东科学技术出版社，2022.6
ISBN 978-7-5723-1190-1

Ⅰ.①指… Ⅱ.①邵… ②张… Ⅲ.①中小学—教学评估—研究 Ⅳ.①G632.0

中国版本图书馆CIP数据核字（2022）第025788号

指向核心素养的形成性评价

ZHIXIANG HEXIN SUYANG DE XINGCHENGXING PINGJIA

责任编辑：刘玉莹　位　彬
装帧设计：孙　佳

主管单位：山东出版传媒股份有限公司
出 版 者：山东科学技术出版社
地址：济南市市中区舜耕路 517 号
邮编：250003　电话：（0531）82098088
网址：www.lkj.com.cn
电子邮件：sdkj@sdcbcm.com
发 行 者：山东科学技术出版社
地址：济南市市中区舜耕路 517 号
邮编：250003　电话：（0531）82098067
印 刷 者：济南华林彩印有限公司
地址：山东省济南市商河县新盛街10号
邮编：251600　电话：（0531）82339899

规格： 16开（184 mm × 260 mm）
印张： 8.75　　**字数：** 150千字
版次： 2022 年 6 月第 1 版　**印次：** 2022 年 6 月第 1 次印刷
定价： 45.00 元

前言 QIANYAN

◎为什么写这本书

“评什么决定了教什么”，虽然这未必合理，但多少指出了评价的重要性。从课程视角看，评价的重要性更是显而易见——首先，评价是课程的重要组成；其次，评价为了解课程目标的落实与教学的改进提供证据。因此，对于核心素养来说，评价关乎其“生死大事”。如果没有评价，核心素养将成为“空中楼阁”。

◎本书有什么内容

在我国进入核心素养教育的新时代，核心素养评价已成为重大课题。为此，本书试图回答一个核心问题，即如何通过形成性评价促进核心素养的落实。主要内容如下：

第一章指出了探讨核心素养评价的必要性与紧迫性。本章先论述了当前教育已进入核心素养的教育时代，核心素养评价是落实核心素养的关键之一。然而，作为落实核心素养与开展核心素养评价的主体，一线教师对核心素养评价却有着各种各样的困惑，这呼唤研究者做出及时有效的回应。

第二章从六个基本议题论述了指向核心素养的形成性评价。分别是核心素养有哪些评价范式、核心素养评价有哪些类型、态度和情境构成评价目标吗、为何核心素养需要形成性评价、何谓指向核心素养的形成性评价、指向核心素养的形成性评价有何学习理论基础。这些议题实质构成了指向核心素养的形成性评价的知识基础，也是本书后续章节的依据。

第三章在技术层面具体探讨了指向核心素养的形成性评价。主要涉及四项关键技术，分别是核心素养的具体化、明晰核心素养与各类学习目标的关系、多元化评价方法、指向核心素养的形成性评价实施框架。可以说，这些技术为理论的实施和实践的运行提供了可能，它们是攻克评价困境的利器，使得指向核心素养的形成性评价更具可能性。

第四章则聚焦于单元教学方案，它是开展指向核心素养形成性评价的准备工作。章首案例详细描述了指向核心素养的单元教学方案的完整研制历程。然后，结合该案例剖析了指向核心素养的单元教学方案，指出其主要特征——教学设计以单元教学为导向，进行课标/教材/学情分析，确定指向核心素养的教学目标，设计表现性评价，开展问题驱动的学习，联结其他单元设计。

第五章聚焦于单元评价设计，其核心任务在于探讨如何让评价贯穿于单元教学。总体思路上，这种单元评价设计是先设计总体的单元评价，然后把单元评价分解为子评价，并把它们融入单元教学。如此一来，评价就嵌入了单元设计，使得目标、教学、评价一致。具体叙述时，以单元“西湖风景名胜传说”为例进行阐述。

第六章开展了案例研究。本章以“分数的意义和性质”单元为例，全面详细地呈现了单元总体评价设计。这包括平时的作业设计与批改、单元试卷的命制与分析，可谓单元测试与过程作业并重。期间，还穿插了单元教学方案和课时教案，从而使整个案例得到细致丰富的呈现。案例研究结果也表明，通过单元开展核心素养评价能很好地促进教师专业发展、提升学生学业成就。

第七章以“物体运动状态改变”单元为例开展案例研究。该案例围绕学习进程展开研究，具体而深入地展现了课堂所见所闻所思。这里的学习进程即单元目标的系列化。研究发现，依托学习进程，教师能清晰地形成形成性评价的轴线，并能更好地解释学生表现、获取学习反馈、进行教学调整。本案例为通过学习目标系列化开展形成性评价提供了有益的参考与借鉴。

第八章针对的是校本课程，以“梅花小导游·演练评估”单元为例进行研究。本章除了呈现必要的研究背景、研制单元教学方案、评价实践举例、研究体会外，在研究中也非常重视评价细节的说明与展示，凸显学生作为评价主体的作用。研究显示，形成性评价首先需要明确的学习目标；核心素养并非不可评价，而是可以实实在在地加以评价；核心素养的评价需要课堂评价与相应的评价方法。

◎服务于哪些读者

本书在论述过程中穿插了具体详细的案例，以便读者更加直观地感受并理解相关内容。在理论和实践层面，本书所涉及的理论、技术以及相关案例，能为我国核心素养评价研究提供一定参考，也可以为广大中小学教师、教育管理人员、教师教育工作者及师范生提供实践参考。

◎与其他作品有何关系

本书内容不仅关涉教育评价，还涉及教学设计。这其实不难理解，因为不和课堂教学结合，教育评价很难发挥其教育性功能，形成性评价也就无从谈及。因此，本书难免要与教育评价的重要成员——课堂评价直接关联，还会与有关教学方案设计息息相关。这具体表现在本书部分内容引用了有关笔者以前出版的书籍，尤其是《促进学习的课堂评价——理论与实践》《指向核心素养的逆向课程设计》。

◎研究存在哪些局限

平实地说，本书还存在不少局限。一是本书没有直接深入探讨核心素养评价，而是用学科核心素养、学科知识的评价来体现，并没有具体说明核心素养评价本身的构成。例如对于核心素养“学会学习”，完全可以对其进行解读并分解出不同维度，然后研制出不同表现水平，进而收集学生在具体评价任务上的表现，最后进行分析与反馈。二是本书隐藏着一种假设，即核心素养的评价能用学科核心素养的评价来体现，而学科核心素养则能通过相关学科内容评价体现。有关核心素养与学科核心素养之间的关系并非简单的一一对应关系，学科核心素养也不是核心素养的简单具体化，相关论述可参考本书附录A。如果存在那些无法用学科核心素养来充分体现的核心素养，有关它们的评价，本书不做研究。三是本书主要以认知主义学习理论和社会建构主义理论作为学习理论基础，而众所周知的是，美学理论也可以作为核心素养评价的理论基础，这将是笔者后续研究方向之一。

本书的出版得益于众多善意与帮助。温州大学社科处、山东科学技术出版社为本书出版提供了很大支持与帮助，书中所引用的一些著作、论文与案例也都承众多垂爱与慷慨。在此，一并表示由衷的感谢！

邵朝友　张斌

2022年1月

目录

MULU

第一章 亟待探讨的核心素养评价

核心素养是理解当代教育的关键词，基于核心素养的教育已成为一股势不可挡的国际潮流。在这股热潮中，核心素养评价日益凸显，成为各个国家和地区关注的重点。随着《中国学生发展核心素养》的出台，探索如何通过评价落实核心素养，具有重大的本土现实价值。那么，当前教育为何走向核心素养？核心素养评价具有怎样的课程价值？实践中核心素养评价遇到怎样的困境？这三个问题道出了本书书写的意义所在，也是第一章需要回答的核心问题。

一、走向核心素养的教育时代

当代无疑是个急剧变化的时代，无论是知识传播的速度、工作岗位的更替，还是社会结构的变迁，相比以往任何社会都更为快速。站在这样的时代大背景下，对教育的思考离不开两个问题：成功人生应该怎么样？健全社会应该怎么样？核心素养回应了这两大问题。在教育史上，核心素养并非近年来才出现的一个教育概念，自1970年以来，相关概念如“通用技能（generic skills）”“关键技能（key skills）”“核心技能（core skills）”等层出不穷。这种概念共同指向一个问题，即为适应当今时代与自身发展的需要，学生要具备的最为基础、关键、必要的素养是什么。就此，不同国家与地区的专家学者提出了对核心素养的设想。

例如，联合国教科文组织基于终身学习社会的需求，提出“学会求知（learning to know）”“学会做事（learning to do）”“学会与人相处（learning to live together）”“学会自我实现（learning to live be）”“学会改变（learning to change）”五大素养。经济合作与发展组织的一个项目更是使得核心素养理念广为流传。1997年底，经济合作与发展组织和瑞士联邦统计局赞助了一个国际性的跨界项目，即“素养的界定与选择：理论和概念的基础”。该项目分别于1999年、2001年、2003年、2005年发表了关于核心素养的相关研究报告。正值世界各国都在探索21世纪的教育改革方向之际，该系列报告的发表犹如让在茫茫大海中航行的人们看到了一座灯塔。凭借经济合作与发展组织在政治、经济、教育领域的国际影响力，核心素养为21世纪知识经济时代、信息与全球化社会的教育指明了方向。随后，八国集团、联合国教科文组织、欧洲联盟、新加坡等相继采用核心素养设计所有教育阶段的课程。可以说，基于核心素养的课程设计已蔚然成风，核心素养是理解当前国际课程设计的关键词，它被视为培育高素质人才和推动社会健康发展的重要基础。

为紧跟国际教育发展趋势，近年来，我国也积极谋求以核心素养为中心的课程改革。如果以1978年为考察始点，核心素养取向可视为在双基取向、三维目标取向基础上发展而来。1978—2001年间，我国教育目标主要定位于培养学生的基础知识与基本技能，这段时期可称为“双基时代”。提倡“双基”有其时代背景，当时社会各行各业正处于百废待兴之际，亟须大量富有技术的工人与其他就职人员，但从教育本身来说，仅仅关注“双基”显然是不够的，它遮蔽了“人”在教育中的核心地位，容易产生见物不见人的不良后果。由此，2001年教育部启动了第八次课程改革。相比之下，本次改革的培养目标大大超越了基础知识与基本技能，把学生置于大众社会—自然环境—个体生活的大框架中思考要培育什么样的人。而作为本次改革的标志性文本，课程标准更是明确提出知识与技能、过程与方法、情感态度与价值观三维课程目标。这种三维目标实际上关注到学生作为人的素质，把目标视为一种整体来对待，极大扩展了人们对培养目标的认识，但还未描述出学生形象，没有明确三维目标的实质内涵——想培养什么样的人。2014年3月，教育部正式印发《教育部关于全面深化课程改革 落实立德树人根本任务的意见》，提出未来教育改革要将立德树人的要求落到实处，充分发挥课程在人才培养中的核心作用，指出要研究制订学生发展核心素养体系和学业质量标准。2016年9月公布的《中国学生发展核心素养》明确指出，核心素养主要指学生应具备的、能够适应终身发展与社会发展需要的必备品格和关键能力，其内容包括六大类素养——人文底蕴、科学精神、学会学习、健康生活、责任担当、实践创新。有别于基础知识与基本技能，核心素养是人们通过学习获得知识、技能、态度的综合体。也有别于三维目标，核心素养凸显了基础教育所要培养学生的具体形象。在当前背景下，我国实质上已进入以学生发展核心素养为基础的教育时代。

二、核心素养评价的课程价值

毋庸置疑，作为教育目标的核心素养，对它的评价具有重大的课程价值。具体说来，这种价值至少体现为如下三大方面：

一是核心素养评价为教育目标的落实提供直接依据。判断教育质量如何，需要从教育目标开始思考，教育目标的落实势必成为重中之重，而如今核心素养成为教育目标，自然需要开展核心素养评价。只有通过评价，才能了解核心素养的落实情况。对于一个国家或地区来说，相关评价数据能直接体现不同地方的教育质量，总体呈现教育概况。这些数据可作为教育问责的依据，也可作为不同国家或地区教育质量之间对比的参考，如有必要，可长期进行数据采集，追踪调查分析教育状况。

二是核心素养评价满足课程基本构成的内在诉求。一般认为，课程目标、课程内容、课程实施、课程评价构成课程的四个基本要素。有时候，考虑到内容与实施总是直接关联，会把二者加以整合，把课程要素合并为三个要素——“到哪里去”“怎么到那里”“怎么知道到了那里”，即目标、教学、评价。无论哪种分法，评价都是不可或缺的重要元素。可以说，没有评价或评价成分不足，课程就不能成为课程。因此，在以核心素养为导向的课程教学中，核心素养评价乃课程目标的指向，是必不可少的。

三是核心素养评价能为实际教学提供具体的改进建议。评价形式不外乎两种，即终结性评价和形成性评价。前者在于获取评价信息，进而给予等级或水平；后者在于了解评价状况，进而解释评价情况、提供反馈意见、采取改进行动。核心素养评价可以兼顾两种评价形式，更加侧重运用形成性评价（相关原因见第二章），发挥评价的教育性功能。

三、核心素养评价的现实困惑

从双基到三维目标再到核心素养，近几十年来我国教育目标的变化较大。对于熟悉了三维目标的一线教师来说，核心素养是个新名词，核心素养评价更是让他们望而却步。根据笔者的观察，许多教师对核心素养评价的困惑集中于如下几个方面：

第一，核心素养是种理念，是否需要被评价？不少教师都知道核心素养是新一轮课程改革的关键词，都认为是一种很好的教育理念，需要用它引导教学。但这种理念是否需要被评价，老师们对此各执己见。

第二，评价很难，需要教师开展核心素养评价吗？一直以来，教育评价被视为教育领域较为困难的行动之一。相比教学，众多学校和教师都视评价为畏途，认为评价是高度专业化活动，普通教师难以胜任。提到核心素养，大家更多的是关于教学方面的考虑，较少关注如何评价，甚至认为核心素养评价无须一线教师实施，可由专门评价机构执行。

第三，核心素养评价是否与日常教学相关？许多教师认为无关，只需由外界进行大规模评价即可。也有教师认为核心素养评价需要融入日常课堂教学，否则很难得到全面的有关核心素养落实的信息。

第四，核心素养评价到底需要用什么评价方法？用选择题或是非选择题可以吗？如果不是特别合适，可以用实验操作或类似作文这样的大题目吗？上述这些想法是当前很多教师的典型困惑。一些专业素养较高的教师还考虑了情境的重要性，认为需要用所谓的大题目来评价核心素养，而且题目中需要带有情境，最好是真实情境。他们认为，只有这样才能真正评价核心素养。

第五，核心素养需要学生参与评价吗？评价有着不同的评价主体，可以是教师，也可以是学生，或者家长以及社区人员等。其中教师和学生是最为常见的评价主体。在这方面，许多教师认为教师是核心素养评价的主体，但对于学生是否可以成为评价主体存有疑虑。有些教师相信学生可以开展自评或互评，一些教师则认为学生不能成为评价主体，也有些教师持折中态度，认为学生可作为评价主体，但需要教师进行深度的指导。

第六，核心素养真的会得到评价吗？在众多教师的困惑中，有关核心素养能否被真正地评价最为突出。这个困惑具有严肃性——关系到教育部门、学校和教师是否真正地开展核心素养评价。在当前中考、高考应试背景下，许多学校和教师对核心素养评价抱着将信将疑的态度。

上述这些困惑涉及核心素养评价的合理性、目的、方法等方面内容，如果不加以澄清，可能引起实践混乱。考虑到核心素养代表了当前教育目标，核心素养评价承担着推进教育改革的重大课程价值，因此，迫切需要深入探讨核心素养评价。

第二章 指向核心素养的形成性评价：基本议题

既然核心素养如此重要，它理应成为课程评价的重要目标与对象，否则我们就无法知道核心素养是否得以落实。那么，核心素养的评价涉及哪些基本议题？对此，本章将围绕如下六个方面展开探讨，它们分别是：核心素养有哪些评价范式，核心素养评价有哪些类型，态度和情境构成评价目标吗，核心素养为何需要形成性评价，何谓指向核心素养的形成性评价，指向核心素养的形成性评价有何学习理论基础。

一、核心素养有哪些评价范式

（一）评价范式的提出及其对核心素养评价的意义

要了解核心素养的评价，不妨先对评价范式做一大的方向上的把握。范式的概念和理论源于美国著名科学哲学家托马斯·库恩（T.Kuhn）的观点，范式在其1962年所写的《科学革命的结构》中得到系统阐述，它被视为一个共同体成员所共享的信仰、价值、技术等的集合，常规科学所赖以运作的理论基础和实践规范，也是从事某一科学的研究者群体所共同遵从的世界观和行为方式。

自库恩提出范式以来，有关范式的理论逐渐被人们广泛地应用于各个领域，教育领域也不例外。评价范式就是用来描述教育评价的取向这一观点，较早可追溯至《项目评鉴》一文。在该文中，作者莱恩（A.G.Ryan）援引哈贝马斯（J.Habermas）的社会科学研究范式，讨论了经验-分析范式、解释范式、批判-理性范式对方案评鉴的构成与结果的影响。1997年，艾坎海德（G.Aikenhead）进一步扩展莱恩的做法，把评价范式应用于学业评价，认为学业评价存在三类评价范式：经验-分析评价范式、诠释评价范式、批判-理性评价范式。

经验-分析评价范式主要源于西方技术理论，具有逻辑实证主义的特质，通过问责与报告实现政府或外界对学校的控制。在这种范式下，评价形式采用总结性评价色彩的标准化测试，评价任务研制与评分由校外专家把持，考试效度由测量心理学相关技术加以确保，学习理念主要采取行为主义学习理论，学生知识的习得被视为逐步积累的。相比经验-分析评价范式，诠释评价范式更具教育性。该范式受诠释学影响，要求从学生角度理解学生的语言、概念、行动，期望通过评价促进教师教学与学生学习的发展。在这种范式下，评价形式采用例如档案袋和概念匹配等评价技术，评价任务研制与评分由学校教师决定，教师、学生参与评价过程，考试效度依赖于学校层面专业团队内的信任共识，而学习理念主要源于建构主义学习理论，知识的习得被视为个人建构的结果。批判-理性评价范式主要发端于批判理论，主张要减少人类之间存在的压迫，评价应使得所有学生成为积极的终身学习者。在这种范式下，评价主题涉及社会、政治、文化等方面，评价形式更为多样，学习被视为受社会文化互动的制约，知识的习得被视为社会建构的结果。因此，在评价过程中，该范式非常强调学生参与收集学习证据，判断自我学习表现，一种典型的实践操作是学生应用评分规则开展自我评价。

艾坎海德三类评价范式实质是对教育评价理论与实践的思考，对于我国教育发展具有重大参考价值。首先，核心素养评价研究有助于完善我国核心素养研究。目前我国对核心素养的相关探讨还比较浅显，大多数研究集中于核心素养的界定及如何实施，未深入讨论核心素养评价。众所周知，评价是教育政策制度中非常重要的环节，也是课程的重要组成，探讨核心素养评价理应成为核心素养研究的必要构成。其次，评价范式能为核心素养评价研究提供理论基础。通过参考艾坎海德的三类评价范式，我们能更清晰核心素养评价所属评价范式类属，从而更好地定位核心素养评价，进而明晰核心素养评价的理论图景。再次，评价范式还能帮助我们更好地洞察核心素养评价的实践行动。评价范式指向特定评价共同体成员共享的价值观、模型、方法等，代表了评价共同体遵从的世界观和行为方式，规范着他们的所作所为。不同评价范式各具独特的评价实践，或者说评价实践表征了评价范式。不难想象，核心素养评价实践具有多重样态，一旦明晰了评价范式，我们更能理解评价实践。特别当我们遇到核心素养评价实践困境时，评价范式是分析问题成因、走出困境的有力工具。考虑到核心素养评价实践的复杂性，评价范式更是为相关评价实践的分析、对话提供了适切的解释框架，甚至为将来的不同评价范式转化提供直接参考。

（二）应用评价范式探讨核心素养评价：确定分析维度

尽管艾坎海德的评价范式为学业评价研究提供一种大的思考框架，但要诠释核心素养评价，还需要确定具体分析维度。就笔者所见，有关这方面的研究才刚刚起步，在有限的文献中，新西兰教育研究委员会的研究报告乃集大成者。具体说来，新西兰教育研究委员会认同艾坎海德三类评价范式的观点，并归纳出一般评价范式需要回答的三个基本问题，即评价出于什么目的，评价秉持怎样的学习理论，评价具有什么性质。然后，在此基础上提出评价核心素养的八个维度。这八个维度分别为评价目的、评价焦点、学生评价地位、学习动机与态度的处理、核心素养与课程的关系、核心素养与其他课程内容的评价关系、核心素养之间的评价关系、评价任务类型。它们各自所包含的内容如下：

维度一：评价目的。核心素养评价总是从一定的目的出发，可能指向问责与认证，也可能指向改进教与学，或者促进学生终身学习。如果需要了解教育现状，例如，把握或监督国家或地区教育总体质量或选拔人才，往往把教育等同于甄别工具，评价视同于确定学生的学习状态，为学生学习认证提供一个客观依据。如果我们承认教育的至善在于促进学生最优发展，就有必要为每个学生提供适切的教育方式，评价尤其是课堂评价应以此为圭臬，实现评价促进学生学习的目的。这样的学习目的不仅关注学生实时表现的改进，也关注学生获得更长远的终身学习素养的发展。

维度二：评价焦点。在很大程度上，评价目的决定了核心素养的评价内容。例如，出于认证需要，我们很可能只考察学生的最终表现，而不需要考虑学生学习表现过程及相关背景，而如果出于促进学习或发展学生终身学习素养的目的，则更看重学生学习表现过程及相关背景。在以往，许多评价大多关注最终学习结果，较少关注学习过程及相关背景，从而弱化了评价的增值作用，而核心素养评价总体上不仅关注评价结果，还关注学生学习过程及相关背景。

维度三：学生评价地位。核心素养评价势必关涉谁是评价主体的问题，学生评价地位是一项重要内容，处于两种极端情况构成的连续体中。一种极端情况是，在外部大规模考试中，学校教师和学生被排除评价者位置，由政府或教育机构主持下所召集的专家充当评价者角色。另一种极端情况是，在一些学生自我评价与同伴互评中，学生被赋予很大的评价权利。之所以赋权学生评价权利，是因为作为自身学习的第一责任人，核心素养评价这样的统整性评价，不是一锤子买卖，需要累积性评价，需要学生参与评价。

维度四：学习动机与态度的处理。由于学习动机与态度影响了评价结果，因此在评价核心素养时，就有必要明晰学习动机与态度。这可以通过不同方式进行操作，例如直接测量学习动机与态度，或者通过谈话来理解或推测学习动机与态度。有时为了提高学习动机与态度，一些评价任务本身得到精心设计，例如，为学生个体设计个性化的评价任务，或者完成评价任务的作品由学生自愿提供。再如，针对所评价的核心素养，由学生自行决定所提交的作业。

维度五：核心素养与课程的关系。这种关系与核心素养在课程中的地位有关。如果核心素养是课程核心指向，那么核心素养评价就是课程评价的重点。如果核心素养并非课程核心指向，那么核心素养可以通过两种方式加以评价：核心素养与其他课程内容整合在一起，或者核心素养与课程内容相互分离。

维度六：核心素养与其他课程内容的评价关系。除了核心素养评价，课程内容还包括其他知识技能。在开展评价时，核心素养与其他课程内容存在两种关系：一是单独评价核心素养，二是整合核心素养与其他课程内容后加以评价。

维度七：核心素养之间的评价关系。核心素养不止一条，开展评价时，可以如此处理核心素养之间的关系：一是针对所有核心素养进行整体评价，二是选择几条核心素养进行评价，三是单独对某条核心素养进行评价。

维度八：评价任务类型。素养总是与情境关联，核心素养更是如此。这就对评价核心素养的任务提出情境设计的要求。总体上，评价任务的特征存有三大情况，分别是来自学生生活环境的任务、与学生生活环境调适的任务、由校外专家设计的通用任务。

为便于明晰评价范式下核心素养评价的维度，对于上述内容可用表2.1做更具体形象的说明。

表2.1　分析核心素养评价的维度

评价维度	内容要点
评价目的	出于什么样的评价意图
评价焦点	聚焦于学习背景、过程、结果哪几个方面
学生评价地位	学生在多大程度上作为评价主体
学习动机与态度的处理	评价核心素养时，是否关注了学生的动机与态度因素

（续表）

评价维度	内容要点
核心素养与课程的关系	核心素养是课程评价的焦点吗？如果不是，开展课程评价时，核心素养与课程是分开的还是整合的
核心素养与其他课程内容的评价关系	开展评价时，核心素养与课程中的具体知识技能是分开评价，还是整合在一起评价
核心素养之间的评价关系	从数量看，核心素养是整组被评价的，还是几条或单独被评价的
评价任务类型	评价任务的情境来自学生熟悉的生活世界吗

（三）不同评价范式下核心素养评价的案例

有了上述分析框架，结合具体的不同评价范式，我们还需要进一步回答：核心素养评价具有哪些应然形态？又具有哪些实然形态？新西兰教育研究委员会认为，经验-分析评价范式、诠释评价范式、批判-理性评价范式在表2.1提到的八个维度上应具有如下特征：

经验-分析评价范式主要秉持实证主义的立场，核心素养评价是为了更好地从总体上把握国家或地区的教育现状，通常采取大规模总结性考试方式。鉴于庞大的学生群体，评价大多关注学生呈现的最终行为结果，学生的学习动机与态度则被单独进行考察。核心素养独立于其他课程内容，与其他课程内容的评价相互分开，以单条数量范式得以评价，而评价任务主要由外界评价专家编写，所采取的任务方式是纸笔测试，较少关注真实性任务设计。

有别于经验-分析评价范式，诠释评价范式关注学生学习过程，强调通过诠释学生学习表现来发现学生学习问题与教师教学问题，并加以改进。因此评价者往往需要诠释评价作品或结果，以便实现形成性评价的目的。考虑到核心素养是统整性、累积性的素养，很难用外部大规模纸笔测试方法来评价，其评价需要课堂评价的深入介入。评价任务与学生生活环境发生联结，评价中学生获得有限评价权，不能决定自身最终学业成就的评价结果，而他们的学习动机与态度信息则通过推论获得。同时，核心素养被整合入课程，所使用的评价任务与评价课程其他方面内容的评价任务是一样的。

批判-理性评价范式则进一步发展了诠释评价范式，认为评价者的前见很可能会带有偏见，在无意中受潜在的意识形态的控制，从而对整个评价过程产生负面影响。因此，需要提供公共的讨论机会，促进评价利益相关者如教师、学生、家长等达成共识。该范式主张赋予学生更多评价权，从而使学生肩负起学习责任，发展终身学习的能力。这样的评价是形成性的，需要学生参与选择、讨论，并对学习证据作出自我判断。为了更好地形成共识，评价焦点需要把学生的学习表现置于整个学习背景与过程中加以理解，关注评价的所有环节。与诠释评价范式相似，批判-理性评价范式也围绕学生生活环境设计一系列评价任务以评价核心素养，但任务更具地域性。核心素养是课程重点，与其他课程内容整合起来被加以评价，同时在评价过程中还会通过讨论的方式了解学习动机与态度。

关于上述讨论，我们可用表2.2来呈现不同评价范式下核心素养评价对应的形态，以便于读者理解。这些形态是从应然的角度描述的，不同评价范式下不同评价维度的区别是相对的，它们之间的关系更像是一种变化连续体。

表2.2　不同评价范式下核心素养评价的应然形态

评价维度	评价范式		
	经验-分析评价范式	诠释评价范式	批判-理性评价范式
评价目的	用于认证与系统问责	知识技能、价值得以考虑，学生得到重视；改进学生学习与教师教学	赋权学生评价权，发展学生终身学习能力
评价焦点	依据学生最终学习结果测量学生行为	理解学生学业成就，聚焦于学习过程与结果	理解学生学习表现，聚焦于学习背景、过程及结果
学生评价地位	评价是总结性性质，由专家进行效度论证	评价是形成性的，学生参与评价，但不能作为最终学业成就的仲裁者	评价是以共同建构形式发生的、形成性的，学生参与选择、讨论、判断学习证据
学习动机与态度的处理	单独评价态度与动机	态度与动机的评价是通过推论进行的	与学生讨论态度与动机
核心素养与课程的关系	核心素养与课程是分开的	核心素养与课程是整合在一起的	核心素养是课程重点

（续表）

评价维度	评价范式		
	经验-分析评价范式	诠释评价范式	批判-理性评价范式
核心素养与其他课程内容的评价关系	核心素养与课程其他方面的内容是被分开评价的	单独评价核心素养，但核心素养与课程其他方面的内容使用同样的评价任务	核心素养与课程其他方面的内容是被整合起来评价的
核心素养之间的评价关系	单独评价某条核心素养	把几条核心素养整合在一起进行评价	整体评价核心素养
评价任务类型	任务通用于其他情境，由外界专家设计	任务进行本地化调整	任务是真实的，由当地设计或精选而得

表2.2更多从应然角度描述不同评价范式下核心素养评价的形态，实际上不同国家与地区的核心素养评价是否如此纯粹呢？为此，新西兰教育研究委员会结合表2.2展开调查研究，调查对象包括国际学生评估项目（Program for International Student Assessment，P）、新西兰学习故事项目（Learning Stories，S）、澳大利亚昆士兰新基础改革项目（New Basics initiative，N）、澳大利亚高等职业教育训练项目（Vocational Education and Training，V）、新西兰基本素养项目（National Institute for Literacy，L），得到表2.3的结果。

表2.3　不同评价范式下核心素养评价的实然形态

评价维度	评价范式		
	经验-分析评价范式 P	诠释评价范式 N	批判-理性评价范式 S、V、L
评价目的	用于认证与系统问责：P	知识技能、价值得以考虑，学生得到重视；改进学生学习与教师教学：N	赋权学生评价权，发展学生终身学习能力：S、V、L
评价焦点	依据最终学生学习结果测量学生行为：P	理解学生学业成就，聚焦于学习过程与结果：N	理解学生学习表现，聚焦于学习背景、过程及结果：S、V、L

（续表）

评价维度	评价范式		
	经验-分析评价范式 P	诠释评价范式 N	批判-理性评价范式 S、V、L
学生评价地位	评价是总结性性质，由专家进行效度论证：V、N、L、P	评价是形成性性质，学生参与评价，但不能作为最终学业成就的仲裁者：N、S	评价是以共同建构形式发生的、形成性的，学生参与选择、讨论、判断学习证据：S、V、L
学习动机与态度的处理	单独评价态度与动机：P	态度与动机的评价是通过推论进行的：N、S、V、P	与学生讨论态度与动机：L
核心素养与课程的关系	核心素养与课程是分开的：P	核心素养与课程是整合在一起的：V、N、L	核心素养是课程重点：N、S
核心素养与其他课程内容的评价关系	核心素养与课程其他方面的内容是被分开评价的：P	单独评价核心素养，但核心素养与课程其他方面的内容使用同样的评价任务：V、L	核心素养与课程其他方面的内容是被整合起来评价的：N、S
核心素养之间的评价关系	单独评价某条核心素养：V、L、P	把几条核心素养整合在一起进行评价：无	整体评价核心素养：N、S
评价任务类型	任务通用于其他情境，由外界专家设计：P	任务进行本地化调整：N	任务是真实的，由当地设计或精选而得：S、V、L

从表2.3不难看出，核心素养评价往往以某种评价范式为主，在不同程度上指涉其他评价范式。以国际学生评估项目为例，其考察重点是问题解决（Problem Solving），它实质是个独立的核心素养条目。考察过程以纸笔测试任务为载体，校外专家根据学生在试卷上的表现进行评分活动并论证试题的效度，国家或地区将学生在评价任务中的考试结果、学习动机与态度调查结果作为判断自身教育质量的依据。总体上，国际学生评估项目在八个维度上隶属经验-分析评价范式，但在“学习动机与态度的处理”维度上属于诠释评价范式。而新西兰学习故事项目在三类评价范式、八个维度上的分布更为复杂。该项目由儿童经验评价计划发

起，后来在新西兰各早期儿童中心开展实验，其指向的核心素养包括健康与归属感（Wellbeing and belonging）、团队奉献（Contribution）、沟通（Communication）、探究（Exploration），评价目的在于发展学生终身学习能力，评价性质定位于形成性评价。在具体评价过程中，学生被赋予了很大的评价权，而教师、家长通过收集学生多方面信息分析评鉴学生的学习背景、学习过程、特定阶段的学习结果。虽然表2.3显示，在“评价目的”“评价焦点”“学生评价地位”“核心素养与课程的关系”“核心素养与其他课程内容的评价关系”“核心素养之间的评价关系”“评价任务类型”等维度上，该项目总体属于批判-理性评价范式，但在“学生评价地位”维度上学生还不能最终决定自身的学习成绩，在“学习动机与态度的处理”维度上处于诠释评价范式中，并不属于批判-理性评价范式。同时，通过表2.3可以看出，新西兰基本素养项目比以上两个项目更为复杂，跨越了不同评价范式下的更多维度。

二、核心素养评价有哪些类型

核心素养是种上位的素养，它的评价较为复杂。以欧盟为例，欧盟2005年发表的《终身学习核心素养——欧洲参考框架》中提出了八项核心素养。这八项核心素养分别涉及母语沟通、外语沟通、数学与基本的科学技术素养、信息素养、学会学习、公民与社会素养、创新精神与创业意识、文化意识与表达。具体分析，前三项核心素养可包含于传统的学科课程“语数外”，后五项核心素养是跨学科素养类型，它与我国的人文底蕴、科学精神、学会学习、健康发展、责任担当、实践创新六大项核心素养有些类似。研究欧盟的核心素养评价，有助于我们理解、实施有别于知识与技能的核心素养的评价。

根据古登（J.Gordon）等人的研究，如果以评价对象与学校课程的关系为参照，核心素养评价可分为四种类型，一些国家或地区往往具备不止一种评价类型。

第一种类型是具体评价核心素养。在该类型中，虽然课程是根据学科或领域进行组织的，但有关核心素养或类似的目标得到了明确的规定，在这些学科或领域提供的不同情境下，评价具体地聚焦在学生对核心素养的理解和应用上。开展该类型评价的国家有法国、比利时、匈牙利、卢森堡、西班牙，以及接近这种类型的捷克、爱沙尼亚、爱尔兰、罗马尼亚、斯洛伐克。以法国为例，2006年颁布实施的国家教育目标体系《知识和能力的共同基础条例》所提的七项核心素养基本与欧盟的八项核心素养相同。教育政策提出在义务教育阶段评价要指向这七项核心素养，具体评价时,《知识和能力的共同基础条例》为学生和教师提供素养表现指标。

第二种类型是模糊评价核心素养。在该类型中，核心素养未被明确提出，而是通过原则性叙述，如目的、目标、主题等方式体现在课程中，在某种程度上核心素养的知识、技能、态度就包含于教育总体原则中。这些课程通常根据学科或领域进行组织，通过这些课程核心素养得到模糊的评价。塞浦路斯、丹麦、芬兰、希腊、爱尔兰、挪威、瑞典是开展该类评价的典型国家。例如，在芬兰的学校课程中，学科课程和跨学科主题包含了核心素养所含的知识、技能、态度，其中的跨学科主题包括：人的成长、文化认同和国际主义、媒体技能和沟通、公民参与和创业精神、环境责任、生存与可持续发展、安全和交通、技术和个人。这些跨学科主题非常切合核心素养的内容与要求，芬兰教育主管部门采取抽样方式考查学生在这些跨学科主题上的素养。

第三种类型是评价学科素养。开展这种类型的典型国家有奥地利、保加利亚、德国、意大利、拉脱维亚、波兰，它们各自的学科素养都非常具体。例如，德国对义务教育阶段的一些必修学科(数学、外语、科学等)，制定了相应的课程标准。官方文件指出，独立于学科的素养需要通过跨学科课程培养，但没有提出评价议题。波兰的情况相对复杂，在小学阶段，学科课程标准(如阅读、写作)和跨学科课程标准(如推理)并存，它们都是评价目标。在中学低年级，评价则集中在“人文”和“数学-科学”两个由学科具体技能构成的模块上，例如，解释和分析被规定只属于“人文”模块，问题解决被规定只属于“数学-科学”模块。从实际情况看，虽然这些成员国聚焦于评价学科素养，但也有迹象显示他们正努力把核心素养或跨学科素养整合到学科课程和评价中。以波兰为例，人们正试图把新的学校课程与核心素养进行融合，同时也着手考虑如何开展相关评价。在德国，除了传统的德语、第二外语、数学测验外，个别地区还引入了跨学科测验。

第四种类型是评价学科知识。这种只评价学科知识的类型仅存在于少数欧盟成员国中的特定地区和特定教育阶段。即便这些地方，也在尝试对核心素养进行评价。这类典型国家有希腊、立陶宛、马耳他、波兰、葡萄牙、斯洛文尼亚。这种评价类型大多出现在这些国家的早期评价政策阶段，目前它们正开展包括评价在内的持续性教育改革。例如，斯洛文尼亚修订了一门课程，使之聚焦于核心素养，在推广该课程的前期实验中，各门学科和评价都强调学会学习这个核心素养。马耳他则引入了描述教育质量要求的国家质量框架，该框架以核心素养为中心，提出了评价方法的建议，并推介了基于核心素养的课程。

结合我国的实际，笔者认为我国核心素养评价可以“直接”加以评价，也可以“间接”加以评价，至于选择哪种方式取决于实际需要。在前面提到的四类评价中，目前第一、二、三类较为科学，第四类缺乏情感态度。本书主要探讨第三类和第四类评价的结合，这是由于学科核心素养评价比较抽象，通常需要结合具体学科知识进行。简要地说，这种做法的背后逻辑在于，以学科知识的评价来反映学科核心素养，以学科核心素养的评价来反映核心素养。当然，这里的学科核心素养与核心素养具有直接对应关系。在这种逻辑下，学科知识的评价虽然缺乏了相关情感态度，但至少部分代表学科核心素养。实际上，学科知识评价完全可以通过适当的方式来评价情感态度。此外，本书不局限于学科课程，还通过校本课程来评价核心素养，第五、八章将分别做出探讨。

三、态度和情境构成评价目标吗

跨学科素养包含知识、技能、态度，但在实际评价操作中，相比知识和技能，态度较少受到重视。不过不少行动表明，这种状况将被改善。例如，每年度的苏格兰学业成就调查通过全国学生抽样来评价态度，尤其关注学习动机的评价。在德国，小学阶段第一年就进行学生学习态度的评价，大多数州都把对工作、学习、社会的态度视为评价组成。当前许多关于态度的评价都存在一个假设，即态度可从学生所获的知识和技能中推断出来。然而，知识与技能的获得并不意味着会产生保持终身学习所需的积极态度，这样的假设实际上是把态度作为影响获得知识与技能的一个变量。与此不同的是，一些评价把态度作为一个学习结果来对待。例如，欧洲终身学习研究委员会中心测量学会学习这项跨学科素养时，就把它视为学习结果，并用情感维度、认知维度、元认知维度加以描述。测量过程显示，框架中那些篇幅较长、难度较大的认知类测试任务导致了许多学习者放弃进一步行动，而这也无意之中测试了情感维度下学习动机的子维度。在很大程度上，这表明孤立地测量知识、技能或态度是困难的，事实上更应该从整体角度进行测量。

除了从知识、技能、态度的构成来理解跨学科素养，还需要看到三者的综合是对特定情境问题的回应。如果以此来理解，根据所处背景，学生必须适当地应用他们的知识、技能、态度。在法国，所谓的素养必须是可迁移的，可应用于不同的情境，而且具有多重功能，它们应被用来完成若干目标、解决不同类型的问题、完成不同的任务。在卢森堡，当学生知道在特定情境下做什么、怎么做、为什么使用所学时，他们被认为习得了素养。在德国，素养评价的一大挑战是如何测量与不断变化的环境互动的品质。这些界定对于评价具有重要启示。

素养内含情境意味着学习与运用关联。对于学校课程，必须向学生提供他们生活中所遇到的系列情境，而跨学科素养评价的效度在于这些素养能应用于不同情境，尤其是一些真实的生活情境。在学校中，持续的观察和记录为真实情境中跨学科素养的评价提供了可能性，那些使用开放性任务或来自真实情境问题的标准化题目也可创设情境。与情境直接相关的一个议题是，评价跨学科素养不能仅仅把跨学科素养作为结果来看待。例如，芬兰为学生学业评价制定了国家标准，该标准包括过程评价；而在德国，人们认为除了测量学习结果、评价，尤其一些特定测试，还应该评估学生采用的操作途径和不同策略。

本书认为，态度与情境自然包含于素养之中，这是因为素养本身就集知识、技能、情感、态度于一身，而且体现于具体情境之中。鉴于当前我国学校的实施条件和教师的专业水平，笔者建议在开展核心素养评价时，尽量赋予真实情境。在此基础上，如有可能开展有关态度的评价，可以通过问卷、访谈或直接观察来评价学生的态度。限于篇幅和研究力度，本书并没有专门对态度展开评价。

四、为何核心素养需要形成性评价

上述三个问题在大的方向上为我们提供了核心素养评价的基本情况，但还未回答为何核心素养需要形成性评价。就此，极有必要先探讨形成性评价的内涵与价值。

（一）形成性评价的界定

关于形成性评价的界定，波帕姆（W.J.Popham）认为，如果去问不同的人可能会得到不同的答案。之所以会产生多样化的答案，是因为形成性评价的内容非常丰富，不同的人可能基于不同维度来回答。例如，正式-非正式、及时反馈-延迟反馈、嵌入课程的评价-单独存在的评价、即兴-计划、个人评价-小组评价、语言形式-非语言形式、口语形式-书写形式、等级/评分-非等级/非评分、开放式反应-封闭式或限制式反应、教师发起/控制-学生发起/控制、教师与学生为执行主体-学生同伴为执行主体、定位于过程-定位于任务/结果、简要答案-扩展性答案、在教师帮助下完成任务-学生独立完成。在逻辑上，我们可以进一步增加其他维度，从更多维度来描述形成性评价。例如，依据美国西部教育研究实验室的观点，定义形成性评价应从其目的出发，其目的是在学习过程中帮助学生学习。威廉（William）认为，除评价目的外，定义形成性评价还需要明晰它到底是一种具体评价技术还是评价过程。例如，卡尔（S.Kahl）的形成性评价定义则指向评价工具特征。他认为形成性评价是种工具，教师应用该工具来测量学生是否掌握正在学习的具体内容与技能。布莱克（H.Black）与威廉首次综合形成性评价研究时，指出形成性评价是种过程，大多数研究形成性评价的学者也持类似观点，认为形成性评价要与教学整合。1983年，赛德勒（D.R.Sadler）从学生角度提出一种观点，认为形成性评价应让学生成为更主动的学习者，使学生成为形成性评价的主体。2008年，波帕姆在综合各家观点的基础上，提出了一个更全面而深刻的定义，他认为形成性评价是个有计划的过程，在这个过程中教师或学生使用基于评价的证据来调整他们正在进行的教与学行为。由此可以看出，波帕姆的观点不仅包括形成性评价的目的、过程，还强调形成性评价是基于证据的，这些证据可以帮助教师与学生共同改进教与学的行为。

本书认为形成性评价的内涵是随时代发展的，教师和学生的评价地位与权利是变化的，很难说这种权利的比重是多少才是形成性评价。本书尝试把形成性评价界定为：教师和/或学生寻找、解释学习证据，确定学生学习水平、后续学习目标、到达学习目标的合适方法，并达成学习目标的过程。

（二）形成性评价的价值

形成性评价的正式提出可追溯至20世纪60年代。1967年，斯克里文（M.Scriven）为了更好开展课程方案评价，区分了总结性评鉴（summative evaluation）与形成性评鉴（formative evaluation）。1969—1971年，布卢姆（B.Bloom）与同事建议在学生学习评价领域借鉴这两种课程评鉴形式，但当时形成性评价受关注程度远低于总结性评价，许多人认为它对于日常学校教育没有多少实践意义。20世纪七八十年代，不少学者开始关注形成性评价，其中，20世纪80年代末的三篇文章进一步激起了人们对形成性评价的兴趣。这三篇文章分别是1987年纳特里洛（G.Natriello）、1988年克鲁克斯（T.J.Crooks）的两篇回顾性文章，以及1989年赛德勒关于形成性评价与教师专业发展关系的论述。但真正奠定形成性评价地位的是下面这两项研究，一是弗彻斯夫妇（L.S.Fuchs & D.Fuchs）针对特殊儿童的形成性评价的元分析，二是布莱克与威廉的形成性评价的元分析。两项研究都指出，形成性评价对儿童学业成就有显著影响。相比弗彻斯夫妇的研究，布莱克与威廉的研究更为全面，在综合了250多篇文章的基础上，得到一个令人惊讶又激动的结论：形成性评价能极大提高学生学业成就，对学生学业成就的效值最高可达0.7，这是当时所有教育方案对学业成就作用能达到的最高值。形成性评价对学生学业成就的高效值引起了各个国家和地区的重视。在1989—2010年间，英国为推进课程变革，成立了评价变革小组，而布莱克与威廉领导的研究团队正是评价变革小组的两个小组之一。评价变革小组深受布莱克与威廉的发现所鼓舞，认为国家课程评价应大力提倡形成性评价。只是当时并未明晰什么是形成性评价，评价变革小组决定暂时用布莱克的术语“促进学习的评价（assessment for learning）”来代表形成性评价，用“对学习的评价（assessment of learning）”来代表总结性评价。在美国，詹姆斯（M.James）在1992年课程发展与管理协会年会上就引介了1986年布莱克所提出的促进学习的评价，斯蒂金斯（R.Stiggins）在2005年提出要大力提倡普及促进学习的评价的思想。

（三）核心素养需要形成性评价的缘由

明晰了形成性评价的价值后，可从三个方面论述核心素养为何需要形成性评价。首先，形成性评价有别于总结性评价，它把促进学生学习作为第一要务。我们既可以通过形成性评价来判断核心素养的落实情况，还可以通过形成性评价来推动核心素养更好的落实。形成性评价主张通过多种渠道获取影响学生学习的因素，以此判断学生的学习情况。如诊断学生学习问题，从而为后续学习改进提供可能的空间。而核心素养评价范式中的诠释评价范式、批判-理性评价范式都包含着促进学生学习的旨向与意图，这恰恰是形成性评价的目的所在。其次，形成性评价也包含于“是直接评价核心素养吗”问题之中，它不仅用于外界对学校的考核，也用于教师的课堂实践。课堂教学实践中，形成性评价具有更大的生命力，能为落实核心素养提供巨大帮助。再次，核心素养是一种统整性素养，很难通过大规模考试，尤其是当前的纸笔测试进行测量，其测量与落实更适合用课堂评价进行。而课堂评价的基本定位是促进学生学习，具有形成性评价的性格。

五、何谓指向核心素养的形成性评价

明晰了形成性评价的内涵后，接下来还需要进一步回答何谓指向核心素养的形成性评价。这可以从两个方面做出回答，它们是指向核心素养的形成性评价的特征与实践样式。

（一）指向核心素养的形成性评价的特征

1.以单元为单位开展评价

单元是教学设计的基本单位和思维方式，而形成性评价需要与教学紧密联结，因此，指向核心素养的形成性评价需要以单元为单位展开。换个角度看，单元设计时需要以核心素养为统领，在其引领下开展方案设计和行动。

指向核心素养的形成性评价贯穿于整个单元教学过程，渗透于每节课之中，这就是形成性评价过程性的体现。但与以往单课教学与评价有所不同，以单元为单位开展评价是站在单元高度先进行统筹安排设计。这是因为，核心素养这样的高阶复杂学习目标必须要由单元来承担。第四章将就此做有关方面的论证，在此不做深入论述。

2.课堂评价是实施主阵地

前面已经提到，核心素养是种统整性素养，很难通过大规模考试，尤其是纸笔测试进行测量，且组织大规模考试所耗费的时间、人力、物力等成本较高。课堂评价的优势是教师是学生的直接接触者，他们在与学生长时间的接触中，能够较为方便地收集学生学习的信息，了解学生学习所存在的问题和教师教学的不足之处，从而较为全面地反映核心素养的落实情况。因此，课堂评价应是核心素养评价实施的主阵地。

从实际情况来看，大部分教育发达国家都非常注重课堂评价，把课堂评价的成绩作为学生升学的重要依据之一。例如，澳大利亚新南威尔士州试图建立如图2.1所示的评价、问责系统，强调学校内部评价促进学习的功能。该系统深刻地认识到学校内部评价是教育评价的主阵地，认为只有真正发挥了校内评价的作用，教育评价才有可能发挥应有的作用，课程教学才有机会得到真正的改进。当然，在这样的评价系统内，可全面地评价核心素养。例如，一线教师对任教课程与课堂评价更为熟悉，可由他们来主持核心素养评价，在日常教学过程中穿插核心素养评价。如此操作的好处是，评价本身就体现了核心素养评价的过程性，能更为充分地获得评价信息，并能据此提供及时的反馈信息。

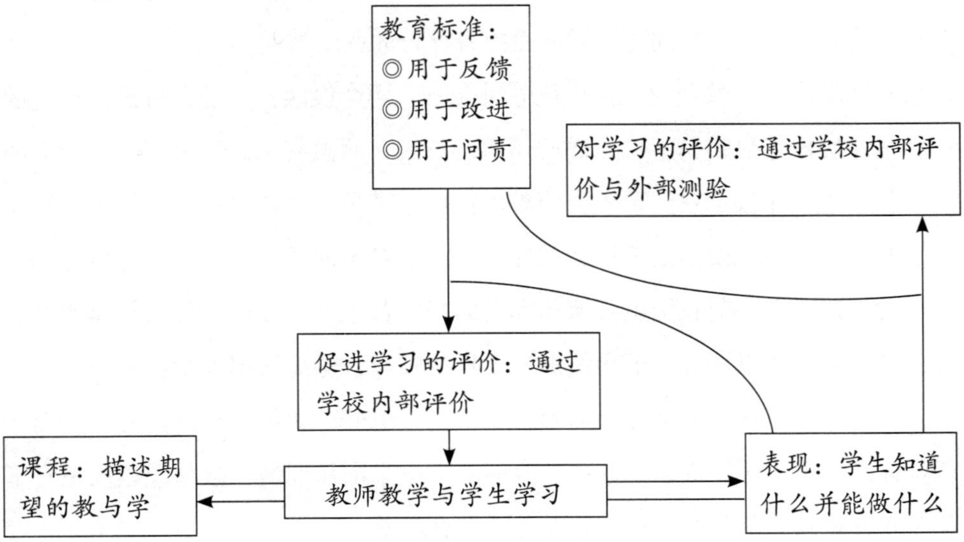

图2.1 澳大利亚新南威尔士州基于标准的评价、问责系统

3.评价任务与核心素养匹配

评价总是离不开评价目标，评价任务必须与学习目标保持匹配，这里的学习目标就是核心素养。由于核心素养是体现于问题情境中知识技能、态度方法的综合体，因此，在内容上，评价任务要与核心素养包含的知识技能、态度方法匹配；在情境上，评价任务所涉及的知识技能、态度方法所应用的情境也要与核心素养所需情境相匹配。在此有三点值得注意：

一是核心素养评价可以直接等同于学科评价，也可以通过学科评价来体现。例如，信息技术学科中所涉及的一些学科素养本身就直接代表核心素养，而一些学科核心素养的评价往往能够体现核心素养评价。本书主要聚焦于通过学科评价来体现核心素养评价。

二是评价任务重视问题情境的设计。素养区别于知识或技能的一大表现在于，素养往往需要情境化问题来体现，体现的是问题解决的能力。另一个区别是在品格要求上，体现的是“有德的教育”，这往往不是传统标准化选择题所能比拟的。

三是实践中需要避免出现两类问题。第一类问题是评价任务类型的错误选择，如用多项选择题来考查学生是否掌握有关辩论能力。第二类问题是评价任务中出现与学习目标无关的因素，以至于影响学生正确回答问题。例如，学生由于阅读困难无法理解评价任务中的语言，导致了不能充分地从学生答题表现来推论学生真正的学习水平和所面临的学习问题。

4.强调评价与教学结合

教育评价发展变化的趋势之一是课堂评价与课堂教学的有机结合，这种结合需要课堂评价效度回答一个问题：对所教内容评价的程度如何?

从实际情况看，教师设计评价任务时会陷入两个误区：一是评价没有教过的内容；二是评价任务只强调某一方面的知识或技能，而没有全面反映课堂上所学的内容。因此，要确保教学效度，需要明确评价应该满足两个要求：一是评价能够反映课堂上的学习目标，而不是考什么教什么；二是对于课堂上特定的学习目标都有相同程度的强调。在当前我国出台课程标准的现实背景下，无论外部大规模考试还是课堂评价，都需要以课程标准为依据。学科教师应自觉地依据本学科课程标准开展教学，把教学内容作为课堂评价内容，而不是模仿外部大规模考试。另一方面，既然课程标准规定了所学内容，这些内容就是学生必须掌握的，教师应该认识到不同的学习内容是同等重要的，实质并无考试重点之说。

5. 运用评价结果促进教与学的改进

从结果看，只有课堂评价确实提升了教师教学与学生学习水平，课堂评价才有效度。这意味着评价结果的运用必须有利于改进教师教学、促进学生学习。例如，教师通过评价发现学生缺乏实验操作能力，能依此进行自我反思，找出自身教学存在的问题并加以改进。学生能依据各方反馈信息，制订学习改进计划，并提高学习成效。同时，课堂评价增值赋能的功能必须得到证据的支持，教师必须有证据证明课堂评价能够改进自身教学或者改变学生，实现了预设的目标。

（二）指向核心素养的形成性评价的实践样式

在课堂层面，指向核心素养的形成性评价可粗略分为正式与非正式形成性评价。正式的指向核心素养的形成性评价关注整个班级，教师的目的是考查学生对于学习目标的掌握情况，教学信息是事先规划的，收集方式是通过班级测验或某个具体任务进行，并用于反哺教学。而非正式的指向核心素养的形成性评价并非严格地事先规划，它来自于学生的学习活动，更具灵活性，也更便于评价除认知目标外的社会方面的目标。其作用是帮助个体学生，评价结果同时向学生和教师反馈。

两种评价形式各有侧重，它们之间的区分并非那么绝对。或许从连续变化的角度看待形成性评价，而不是二分法的视角看待形成性评价，更能发现它们之间的关系（见表2.4）。本书的案例兼顾了正式与非正式的指向核心素养的形成性评价。

表2.4　正式与非正式形成性评价的关系

	非正式形成性评价 ←——→	正式形成性评价
聚焦点	学生的下一步学习指向什么	
目的	用于后续学生学习	用于后续教学调整
如何收集证据	课堂教学过程的常态工作	穿插于课堂常态教学过程某个时间点
评价判断的依据	学生和标准参照评价	学生和标准参照评价
评价判断者	学生和教师	教师
反馈的指向	向学生和教师反馈	反馈内容被整合入教师教学计划

六、指向核心素养的形成性评价有何学习理论基础

在20世纪初期，源于科学领域的社会效率运动广为流传，被大量应用于工业化管理与城市化管理。依泰罗（F.W.Taylor）的观点，效率就是科学，科学管理即为了提高生产效率而对人及其工作加以有效控制。要提高工作效率，关键是提高每个岗位工人的生产效率，而通过分解熟练工人的工作过程而得的细小操作单位则成为每个岗位的工作与标准。根据社会效率理论，科学管理能最大化提高工厂的工作效率，同样也可以运用于培训职业教育的学生。在当时社会背景下，人们认为学习具有基本构成单位，教学内容被认为应按照小步骤加以操作，而每项技能需达到的水平应配置精确的测量标准。考虑到每项职业包括众多技能，教师不可能教学生每项技能，因此必须科学地测量学生的潜在能力以便筛选学生。这种潜在能力的假设源于古老的理性主义哲学传统，柏拉图（Plato）曾断定，知识是个体的一种本能，超然的沉思是把握事物的最好路径，在事物背后有个永恒的真理。既然假设学生具有某种潜在的能力，对其科学测量的结果就可以作为预测学生将来工作角色的依据。

此后，经由桑代克（E.Thorndike）、赫尔（C.L.Hull）、斯金纳（B.F.Skinner）、加涅（R.M.Gagné）等人的努力，行为主义学习理论出现在学习心理学领域。行为主义学习理论指出，人的思维是个黑箱，大脑对于刺激的反应是可被定量观察的，学习是刺激-反应联结的积累。就此，斯金纳曾做过生动的说明：任何领域专长的习得都必须先把它分解为大量的小步骤内容，而所施加的强化必须根据要完成的每个小步骤的内容而定。通过把具有逻辑关系的步骤进行细化分解，强化的频次增加至最大，从而将结果的错误率降低至最小。

行为主义学习理论认为：学习是刺激-反应之间的联结；知识以原子化方式积累；学习具有严密的系列性和等级化；学习迁移很有限，每个学习目标要具体地教；动机依赖于小步骤的积极强化。桑代克是这种思想的忠实贯彻者，并把它应用于心理测量。1904年，他发表了被认为是标志教育测量运动开始的《精神与社会测量学导论》；1908年，他指导学生编制了一个算术推理测验，这是最早的标准化测验；桑代克和学生在1909年编制的书法量表是世界上第一个用科学方法编制的教育测量工具。总的说来，该阶段的教育测量存有四大特点：通过智力测试来区分学生的能力、用客观考试来测试学生的学业成就、测试等同于教学、用测试-教学-测试来确保学习目标的完成。

然而，标准化测试无法回答下列问题：一是测试仅仅作为比较学生学习的手段，能否转化测试的功能，以便促进学生的学习？二是测试是为了测量学生固有的某种智力，那为什么不能创造条件，以便学生发挥最佳的能力水平？三是纸笔测验能测量出学生真实的能力水平吗？它能测量出一些高阶知识与技能吗？四是测试只是一种事后性的行为吗？它与教学是否可以整合？五是测试中学生得到尊重了吗？

这些问题实质是对行为主义学习理论的拷问：除了外界的刺激和强化，学习者内部心理是如何发生变化的？学习者只是被动地接受知识与技能吗？为什么很多学习发生于特定的社会或文化背景下？一些高阶的知识和技能为什么很难通过刺激-反应模式获得？就此，认知主义与建构主义学习理论重新概念化了人类学习观念。

当代认知主义学习理论建立在这样一个认识基础上——人们理解了事物的意义，学习将更容易发生，即任何学习都要求学习者积极地理解试图学习的东西。从认知主义学习理论中的信息加工模型看来，学习过程一般需要经历三个阶段：首先通过有意识的加工，选择性地注意环境中的某个方面；接着运用原有知识积极加工输入信息，试图产生个人的理解；最后形成结构化知识以便使之储存于长期记忆中。

发端于20世纪七八十年代的建构主义学习理论，视学生为建构自我世界的积极建构者，主张新信息与学习者的知识结构发生联结后才会产生效应。在建构主义学习理论视野下，学习者被要求从过去以知识记忆和模仿为特征的维持性学习，向以自主创新为特征的学习转变，由被动学习向主动学习、学会学习转变。随着未来科技和经济的迅猛发展，知识性质与学习方式将随之改变，衡量个人素质的标准不再只是拥有知识和信息的多少，而主要是问题解决能力、批判性思维能力、团队合作能力等。有别于认知主义学习理论，建构主义学习理论凸显社会、文化的学习功能，这在很大程度上归功于维果斯基（L.S.Vygotsky）的社会文化理论。维果斯基认为，学习是通过社会、文化形成的，认知能力的发展需要在社会性的支持条件下与外界互动，而不是大部分依赖于遗传。

相比行为主义学习理论，认知主义与建构主义学习理论更加强调学习者的内在作用，它们对于教育评价具有如下重要启示：设计挑战性评价任务有助于形成高级认知思维；应致力于学习过程和结果；及时评价并和教学相整合；应用形成性评价以支持学生学习；告知学生学期期望；不但评价学生学习，也评价教师教学。

近几十年来，越来越多的评价实践体现了学习理论的发展，如布莱克等人著名的课堂提问（classroom questioning）、只呈现作业书面评论（comment-only marking)、同伴互评(peer assessment)、自我评价(self assessment)、总结性评价的形成性运用(formative use of summative tests)五种评价策略，其背后设想就是借鉴了维果斯基的学习观点。

表2.5　五种课堂评价策略之背后设想

<table>
<tr><th colspan="2">学习目标在什么地方</th><th>学习者现在哪里</th><th>如何到达目的地</th></tr>
<tr><td>教师</td><td>1.明晰学习意图与成功标准</td><td>2.发起有效的课堂讨论，以及用来引出表明学生学习的证据的学习活动</td><td>3.提供促使学习者向前发展的反馈</td></tr>
<tr><td>同伴</td><td>理解与共享学习目标与成功标准</td><td rowspan="2">4.把学生作为教学资源激活</td><td rowspan="2">5.激活学生作为自我学习的主人</td></tr>
<tr><td>学习者</td><td>理解与共享学习目标与成功标准</td></tr>
</table>

课堂提问对应表2.5中第2点，只呈现作业书面评论对应第3点，同伴互评、自我评价分别对应第4、5两点，总结性评价的形成性运用则对应第1点。五种策略所体现的内涵与建构主义不谋而合。这种谋合表现在：第一，学习发生于互动环境，在学校中，教师、学生是形成性评价主体，他们可采取各种形式的评价活动，如学生同伴互评、教师评价学生，这些评价共同体有利于开展形成性评价；第二，学生自我调节学习(self-regulated learning)强调自我建构学习，形成性评价有助于学生通过反思获取自身身份定位的认识，学生自我评价、同伴互评能提高学生的自我意识。这是因为形成性评价策略中的成功标准能为学生提供努力目标，提供持续的学习动机；自我评价则开启元认知功能，发挥自我监控，进而达到自我指导和自我强化，同伴互评则能促使学生意识到同伴之间的合作文化与自身责任。

简言之，指向核心素养的形成性评价弥补了行为主义学习理论的不足，以认知主义学习理论和建构主义学习理论为基础，注重个体内在的思考与建构，强调社会文化因素在学习中发挥的重大作用，从而联结了个人与群体、内在与外在。

第三章 指向核心素养的形成性评价：关键技术

第二章论述了指向核心素养的形成性评价的基本议题，但要真正开展实践活动还需要诸多条件的支持，其中相关技术是关键所在。理论上，这些技术指向众多方面，本章主要探讨四种常见技术，分别是核心素养的具体化、核心素养与各类学习目标的关系、多元化评价方法、指向核心素养的形成性评价的实施框架。本章将依此顺序分别做出阐述。

一、具体化核心素养

要开展核心素养评价，首先需要具体化核心素养，这是开展核心素养评价的必要条件。实际上，将核心素养转化为具体的学习结果，并在此基础上开发出相应的测量工具，是国外开展核心素养评价的一种重要策略，欧盟、英国、美国等开展了此类探索。

以欧盟为例，其八项核心素养中前三项核心素养指向传统的学科课程“语数外”，后五项核心素养指向跨学科素养类型。那么，它们在实践中能顺利得到评价吗？评价实践对它们又提出了什么样的要求？实践表明，前三项核心素养受到了更多关注，后五项跨学科素养并未得到应有的重视。究其原因，是因为学校和教师较为熟悉前三项素养，它们可直接扎根于母语、外语、数学等之中，这些学科是国家层面测试的常客，也是教育政策强调的重点。其实，理论上前三项素养的教学与评价未必就局限于三或四门学科，完全可在大部分甚至所有学科中开展教学与评价。如果要把前三项素养推广至更大范围，需要把它们加以详细描述以便提供给教学与评价执行者。后五项素养跨越学科边界，需要明确跨学科素养内涵，以便减轻评价难度。因此，要解决这些问题，具体化核心素养成为摆在人们面前的重大议题。

各国对于跨学科素养的理解各异，对跨学科素养所采用的具体化方法也有所不同。以法国为例，在具体化跨学科素养“自主与创新精神”时，先对任务“描述自身兴趣与素养并自我评价”进行细化，然后对任务细节进行描述，最后对评价指标做更详细的描述（表3.1）。

表3.1　法国对跨学科素养“自主与创新精神”的具体化（节选）

任务	描述自身兴趣与素养并进行自我评价
任务细节	（1）定位和确认你已具备的素养 （2）明晰并培养个人兴趣和志向 （3）分析你的目的与目前所做努力的一致性
评价指标（此处的自我评价包括对自己的全面理解、对个人学业成就的自评）	校内外情境中，学生知道如何： （1）使用学科工具认识到自身的优缺点 （2）在学校活动中确认自己各种兴趣 （3）预料评价结果或预料评价任务及其产生的影响 （4）能辨别哪些活动有益于日常生活 （5）学生能对他们的选择做出利弊分析，以开放心态面对困难与障碍，考虑其他可能的选择

英国北爱尔兰早在2013—2014年就将使用信息和通用技术（ICT）的素养视为跨学科素养的重要内容，它类似于欧盟跨学科素养中的信息素养。ICT素养被视为有效开展生活与工作所需的素养，被具体化为探究、表达、交换、评鉴、展示五个维度，每个维度又细分为五种水平。其中，“交换”维度的五种水平要求见表3.2。

表3.2　北爱尔兰ICT素养“交换”之水平进阶

ICT素养：交换	水平1	水平2	水平3	水平4	水平5
学生能运用当代信息技术和工具进行安全又负责任的沟通，相互交流、分享观点，以合作方式发展思想	学生知道用什么信息技术进行沟通	学生能明确并讨论信息技术沟通方法	学生能使用当代信息技术进行沟通或在有监督的线上活动做出贡献	学生能使用当代信息技术进行沟通并在有监督的线上活动做出贡献	学生能与同伴在网上开展合作，运用当代数字技术进行沟通，交换观点，互相分享作品

与上述两例不同的是，捷克不仅对所有核心素养进行具体化，还为各核心素养匹配了相应学科。具体说来，捷克先在国家层面研制了基础教育（5—16岁）计划框架，确定出与欧盟相似的核心素养框架，同时为这些核心素养匹配了相关教育内容领域或学科。每条核心素养被分解为一系列具体的目标，它们是每个学生在义务教育阶段结束时必须学会的。在学校层面，根据基础教育计划框架和当地实际，学校会研制学校教育计划框架。提供给教师的使用手册呈现了如何具体化核心素养、如何在义务教育阶段中期（1—5年级）和后期（6—9年级）为核心素养匹配内容领域，为教师、学生的评价提供了范例。一些先锋学校开展了学生自我评价的实验，提供给学生的自我评价手册呈现了学习目标并要求学生记录学习过程的细节，这进而促进了教师、学生、家长的交流与讨论，有利推动了形成性评价的开展。

从我国实际情况看，《中国学生发展核心素养》中关于六大类素养的描述都较为宽泛，例如，对“责任担当”的描述是：“主要是学生在处理与社会、国家、国际等关系方面所形成的情感态度、价值取向和行为方式。具体包括社会责任、国家认同、国际理解等基本要点。”这意味着，我们需要解读核心素养，在保持核心素养概念整体完整情况下使之更为具体明了。另一方面，要评价核心素养的落实情况，先要开展关于核心素养的教学，这样的教学不仅可发生于学科内，也可跨越学科边界。于前者，虽然理论上每门学科都可以发展所有核心素养条目，但实际上一些学科只相对适合发展部分核心素养条目，因此有必要为教师提供与此更为直接相关的学科或学科内容，以便减低教师运用难度。于后者，需要统整课程或一些跨学科主题的介入。我国现有的国家课程综合实践活动、学科拓展性活动（如语文的综合性学习）较为接近后者，但它们所占比例太低，需要学校和教师开发更多的统整性质的校本课程或学科拓展活动主题。简而言之，需要对核心素养进行解读，做到心中有数，才能通过国家课程或校本课程、学科课程或跨学科课程开展核心素养评价。

二、明晰核心素养与各类学习目标的关系

作为培养目标，核心素养需要转化为各类课程的目标，才能为教学提供目标指向。例如，对于学科课程，需要建立起“核心素养→学科核心素养→内容标准→教学目标”转化历程的关系；又如，对于那些没有内容标准参与的整合课程，需要建立起“核心素养→整合课程目标→教学目标”转化历程的关系。只有存有这样的认识，核心素养与教学目标之间才能发生联结，核心素养评价才能通过评价课程各类

学习目标得以落实，否则核心素养将不能与课堂上的教学目标发生联结，从而导致核心素养不能切实地“落地”至具体的课堂之中。

要解决这个问题，首先需要明晰核心素养在课程发展中的作用，明晰核心素养至课堂学习目标的转化历程。在基于核心素养的教育活动中，核心素养大多数时候要依托各门课程来落实。这些课程包括传统的学科，也包括学校自主开发的校本课程。从形态上说，这些课程必须进行课程整合，无论是学科内的整合、还是学科间的整合，还是跨学科整合，这是因为核心素养是种统整性素养，需要统整性地进行评价，而不是支离破碎地被当作孤立的知识或技能。尽管存在不同课程形态，课程中的学习目标有着不同特征，但总体上具有很大的共性。鉴于此，下面以学科为例对核心素养至教学目标的联结过程做进一步论述。逻辑上，该技术路线包括三次转化，如图3.1所示。

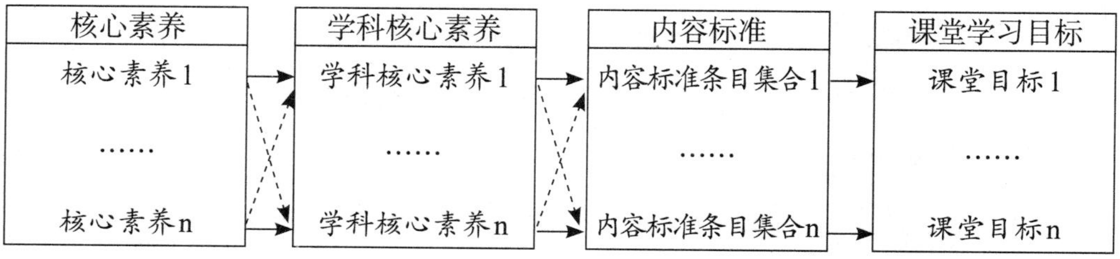

图3.1　核心素养至教学目标的联结过程：以国家课程为例

一是核心素养转化为学科核心素养①。学科核心素养是指通过学习某学科的知识与技能、思想与方法而习得的重要观念、关键能力与必备品格。例如，高中物理核心素养包括物理观念与应用、科学思维与创新、科学探究与交流、科学态度与责任，就是根据核心素养拟定的。二是学科核心素养转化为内容标准条目。我国拟定的课程标准基本遵循“核心素养—学科核心素养—内容标准条目”的研制思路，其中内容标准条目②是课程标准文本的主要构成。在该思路中，学科核心素养起着桥梁的作用，各门学科课程标准为教学与评价提供实施依据。三是内容标准条目转化为课堂学习目标。作为统一规定的文件，课程标准面向全体学生，国家一般不会再把学科课程标准转化为课堂学习目标，因此，教师要根据实际需要具体化内容标准

① 学科核心素养与核心素养的关系相关论述可参考本书附录A。

② 由于编写本书时我国新一轮的课程标准还未公布，因此本文在相关地方选择了原来的课程标准条目做说明。

条目为课堂学习目标。例如，针对我国小学数学内容标准条目“通过操作，了解圆的周长与直径的比为定值，掌握圆的周长公式”，结合教学实际可把它具体化为：解释圆的周长是直径大小的 π 倍；辨别圆、正方形、长方形的周长公式；计算圆的周长或直径的大小；解决与圆的周长有关的简单问题。在此基础上它们可被分配成多个课时学习目标（当然，如果可能的话，这些课时学习目标之间构成学习进程）。而在单元/模块或学期/学年层面，往往需要具体化多条内容标准条目，进而把具体化结果整合为相应层面的学习目标。

上述的三次转化为核心素养的落实提供了总体方向，其中，核心素养、学科核心素养、内容标准已由国家制定公布，教师可参考表3.3做出专业判断。

表3.3　核心素养—学科核心素养—内容标准匹配的评判框架

描述矩阵			评判矩阵	
			核心素养与学科核心素养的匹配	学科核心素养与内容标准的匹配
相关核心素养的描述： 描述1 描述2 ……	相关学科核心素养的描述： 描述1 描述2 ……	相关内容标准条目的描述： 描述1 描述2 ……	（1）学科核心素养指向的内容范围是否包含于核心素养 （2）学科核心素养的要求是否与核心素养的要求一致。这些要求包括认知要求、问题的复杂性、关涉的情意因素等 （3）学科核心素养内在逻辑关系是否与核心素养内在逻辑关系一致	（1）内容标准条目指向的内容范围是否包含于学科核心素养 （2）内容标准条目的要求是否与学科核心素养的要求一致。这些要求包括认知要求、问题的复杂性、关涉的情意因素等 （3）内容标准条目内在逻辑关系是否与学科核心素养内在逻辑关系一致

匹配核心素养、学科核心素养、内容标准条目后，就可以开始确定课堂学习目标了，即进行最后一次转化——具体化内容标准条目为课堂学习目标。这实质关系到如何进行内容标准解读，对教师提出了较高的专业要求。通过文献考察与对比，本研究发现，目前关于这种内容标准解读的理论有安斯沃思（L.Ainsworth）的解压课程标准、朱伟强与崔允漷的关于内容标准的分解策略与方法、陈新转的诠释学角度探讨课程标准解读。结合这些理论及我国现实，我们提出了表3.4的方法：

表3.4 具体化内容标准的步骤及其要点

解读步骤	分析要点
呈现内容标准，理解其基本内涵	(1)该内容字面上的基本含义是什么 (2)该内容标准在整个单元或模块中处于什么地位 (3)该内容标准与前后有关学科内容或概念有何关系
揭示、拓展内容标准基本内涵	(1)教材或教参、国家或地方统考体现什么相关要求 (2)学习这条内容标准需要学生掌握哪些相关知识 (3)学生存在哪些典型的前概念或错误认识 (4)学习该内容标准需要什么学习方式 (5)该内容标准指向什么概念，又需要怎样的认知要求 (6)学生一旦掌握了该内容标准，应该有什么样的表现 (7)这种表现具体应表现出什么样的水平 (8)通过习得该内容标准，学生将发展哪些情感态度价值观
不断反思前述环节，通过对话形成解读结果	(1)我前述行动需要再回顾检查吗 (2)我的同事是怎么理解、解读该内容标准的 (3)我的看法和同事的看法一样吗 (4)我是否需要修正我原来的解读结果 (5)解读结果有教学资源支持吗？如果没有，怎么调整

通过上述解读得到的课堂学习目标，其呈现方式一般要明确行为主体、行为动词、行为条件与表现程度。行为主体即学习者，行为目标描述的应是学生的行为；行为动词用以描述学生所形成的可观察、可测量的具体行为，如写出、列出、认出、辨别、比较、对比、指明、绘制、解决、背诵等；行为条件是指影响学生产生学习结果的特定的限制或范围等，如“根据地图”“看完全文后”等；表现程度指学生对目标所达到的最低表现水准，用以评量学习表现或学习结果所达到的程度。如“至少写出三种解题方案”“完全无误”等。例如，“说明细胞的分化”是《普通高中生物课程标准》中的一条内容标准，可借鉴表3.4把它解读为如下需要由多个课时完成的课堂学习目标：学生能解释分化的含义、能推断分化的特点、能扩展分化的意义、能区分分化程度与分化能力的差别。

上述具体化课程标准过程，需要教师运用多重依据进行诠释。除了基于自身教学经验外，教师还需要参考其他依据，例如，内容标准条目在整体学科体系脉络下的纵横向联系；教材、外部考试说明等资料；教学现场的需求与限制。参考、利用这些依据要求教师不断与文本对话，调整或修正自己的前见，不断对课程标准开展“整体-部分”的循环诠释活动。

三、采用多元化评价方法

为获取学生掌握核心素养的情况，在确定评价方法时，国外研究与实践关注的焦点是如何重塑现有的评价方法，使其能更好地评价并促进学生核心素养的发展。在形成性评价中可采取多种评价方法与工具，如标准化测试、问卷、观察，包括档案袋评价在内的表现性评价等。

以欧盟为例，对于核心素养评价，各成员国采取了国家评价系统和校本评价系统。前者重在发挥国家或地区评价主体的作用，多采取总结性评价，后者重在发挥学校主体的作用，多采用形成性评价，个别国家的校本评价也用于总结性评价。各成员国的校本评价实践显示，教师为主体的评价和档案袋评价（包括电子档案袋）被广泛地用于核心素养评价。

在荷兰，以教师为主体的校本评价以学科具体核心目标和跨学科通用目标（即跨学科素养，强调工作技能与态度）为基础，学生在中学低年段参加校本评价。芬兰、德国、意大利要求教师评价学生对学校和学习的态度，捷克的教师则运用学校自我评价手册评估与每项核心素养相关的学生态度。也有不少国家运用档案袋评价来获取核心素养的落实情况，这种办法能捕捉到关于学生的知识、技能、态度的学习证据。档案袋评价描述了学习发生的历程，它的内容具有情境性，而且满足了人们了解学生的学习结果、学习过程、学习改变原因等信息需求，可用于形成性评价和总结性评价。它能广泛地获取学生发展信息的优点使其成为欧洲委员会主题工作小组（European Commission’s Thematic Working Group）实施核心素养评价的关注焦点。以卢森堡为例，为评价共同核心素养（common core of competences，即核心素养），学校要求每个学生管理一个档案袋，以此反思自己的学习以发展学会学习素养。从形成性评价看，档案袋覆盖了学生整个学习时间，学生在教师指导下收集关于每项核心素养的证据。作为上述档案袋的新发展，近年来电子档案袋在许多国家得到越来越多的应用。在英国北爱尔兰，教师在培训者帮助下用电子档案袋整理关于他们专业发展的证据，并反思有关的教师素养。在信息素养的评价上，电子档案袋显得特别有用。在法国，信息素养被具体化为子素养，当学生完成与素养水平相匹配的任务时，教学团队逐项填写评价表格，最后以口头和书面报告说明每个学生的反思与发展情况。电子档案袋的其他好处还包括：使得信息以录像、音频、图像、文本等多样化形式保存，促进学生信息与沟通素养的发展，尤其在开发档案袋过程中的反思，极大发展了学会学习素养。

就我国实际情况看，学校与教师的重点关注对象是考试评价，并且侧重于总结性评价，对评价主体与评价方法缺乏必要的关注。我们完全可以在现有基础上，借鉴或参考国外的一些做法开展形成性评价。特别是在以下几个方面需要做出努力：

1.鉴于现行的评价方法的应用现状，发挥它们的优点与长处，如选择题，如果处理得当，亦可把它适当的部分应用于评价核心素养。

2.鉴于核心素养的学习目标特征，以及表现性评价与核心素养的匹配性，丰富和扩展表现性评价的形式和使用范围，是我国目前核心素养评价需要加大努力的方向。有关情境性评价任务的设计、评价标准的开发、相关评价资料库的建设，都是当前比较急迫解决的问题。

3.鉴于学生作为评价主体对于其学业成就的影响，扩大评价主体，使之不仅包含教师，还包含学生、家长在内。一些地区和学校已经开展了学生自评和互评活动，完全可以进一步开展推广工作、加大研究深度，一些具有家校合作传统的地区和学校，极有必要继续进行制度化和常规化家校建设，如定期举行家长会，规定必要的常规交流内容等。

4.鉴于新式评价工具的功能，加大相关简洁实用工具的应用力度。在当前科技与网络高速发展的背景下，学校和教师可以借鉴电子档案袋等评价工具，这样可以大大节省工作时间，提高工作效率，还能邀请学生与家长参与，更能发挥评价促进学习的功能。

四、运行指向核心素养的形成性评价实施框架

（一）考察形成性评价的实施框架

经文献检索与分析，关于形成性评价的实施框架主要集中在课堂评价研究。这些课堂评价定位于促进学生学习，本质上是形成性评价。下面呈现了九种形成性评价的实施框架：

普赖尔与托兰斯模型。该模型由普赖尔（J.Pryor）与托兰斯（H.Torrance）提出，为达成促进学习的目的，他们构造了三环节实施框架。第一个环节是在展开新教学任务之前告知学生任务及其成功标准；第二个环节是教师通过提问策略获取学生对学习目标的掌握情况；第三个环节是依据成功标准向学生提供关于他们学习表现的

反馈信息。

鲁伊兹-普里莫与弗塔克模型。该模型由鲁伊兹-普里莫（M.A.Ruiz-Primo）与弗塔克（E.M.Furtak）提出，是由提出问题、学生反应、教师对学生反应做出分析、师生使用评价信息组成的循环体。

弗塔克模型。该模型由弗塔克（E.M.Furtak）提出，图3.2表明它主要由四大部分构成，分别为学习目标或目的、观察或引出学生思考、对学生能力做出推断、基于推断结果实施行动，其中学习目标或目的是后三者的参考中心，模型整体则呈循环关系。

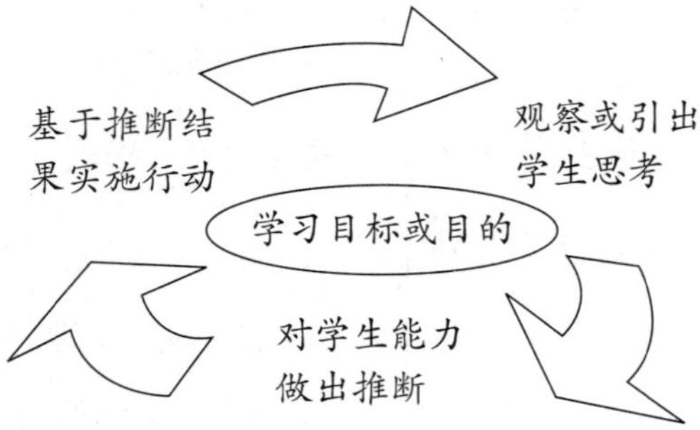

图3.2　弗塔克的课堂评价模型

斯蒂金斯模型。斯蒂金斯（R.J.Stiggins）用图3.3来表示他对课堂评价操作的设想："谁使用评价结果"表明的是评价信息的使用者，如教师、家长或政策决策者，实质隐含了促进学习的假设。对于不同的使用者，评价信息有不同的用途；"评价什么"是指评价的内容，表示需要评价哪些学习目标；"怎么评价"意味着如何选择评价方法；"需要多少证据"描述了评价信息的范围和数量，回答的是"信息充分、全面吗"；"是否准确"则要求评价具有效度，要把学生掌握目标的确切信息有效地传递给决策制定者，并帮助他们做出重要决策。在此基础上，"有效交流评价结果"就成为必然。

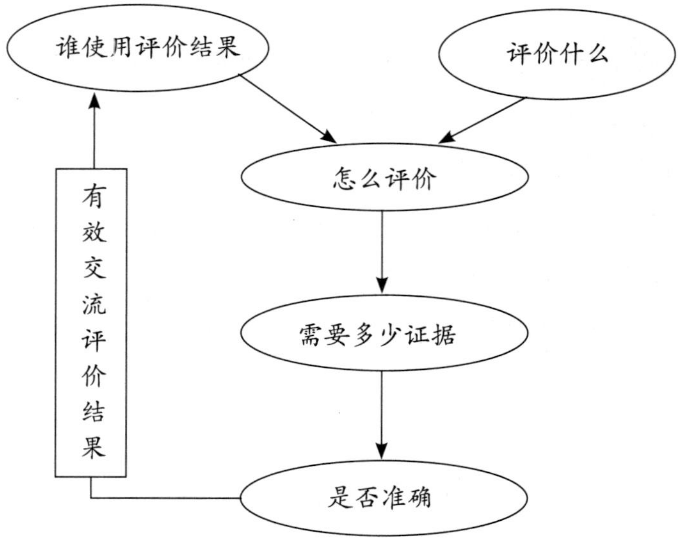

图3.3　斯蒂金斯的课堂评价模型

新南威尔士州的过程模型。澳大利亚新南威尔士州学习委员会在对促进学习的评价本质深刻分析的基础上，以学习目标为原点和核心，从教学、学习与评价整合的视角设计形成性评价的过程模型，如图3.4所示。该模型的各个环节并非线性的，而是前后呼应循环的，它的一大亮点是各个环节与学习目标之间的互动，凸显教学—学习—评价的整合。

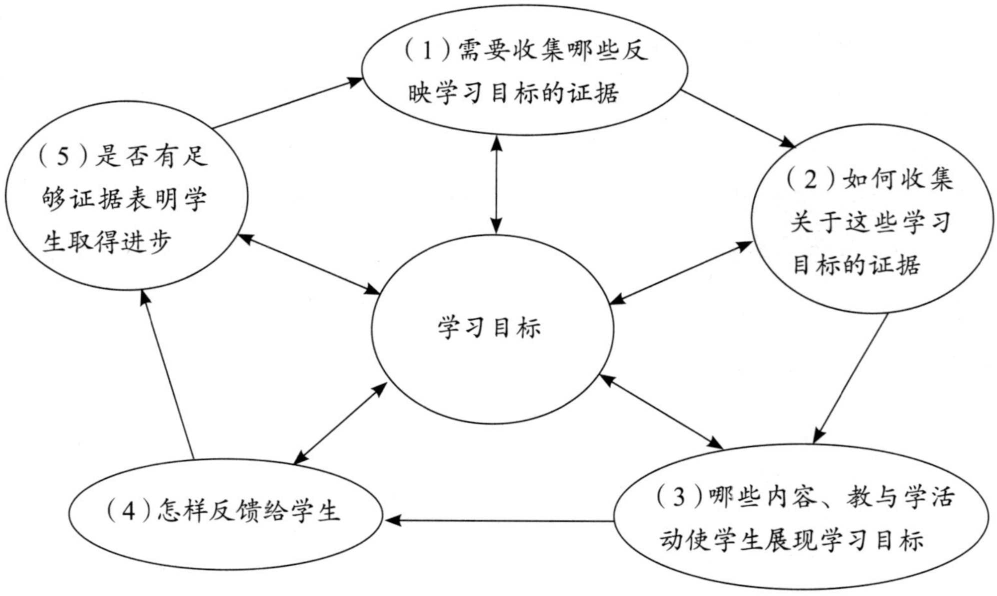

图3.4　新南威尔士州课堂评价的过程模型

北爱尔兰的循环模型。与新南威尔士一样，该模型强调了学习、教学、评价三位一体的思想。在图3.5中，学习目标、成功标准、提问、形成性反馈、同伴评价与自我评价表示形成性评价的关键环节，其余部分表示教师的课堂教学与学生的学习活动。

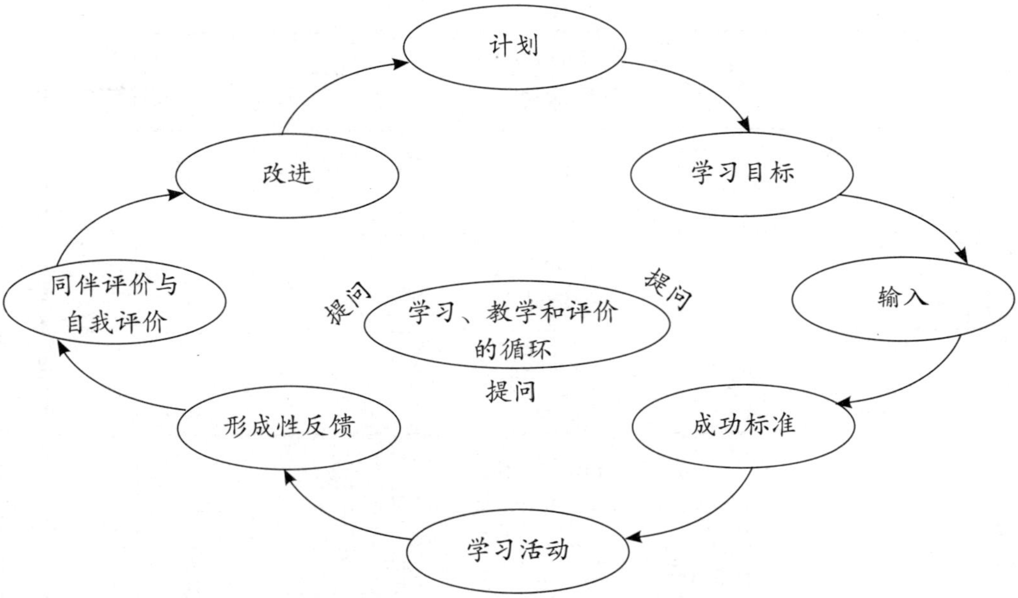

图3.5　北爱尔兰课堂评价的循环模型

赫尔曼模型。为促进学生学习，美国赫尔曼（J.Herman）提出该模型（图3.6）。在该模型中，学习目标处于中心位置，在学习目标的引领下，评价、解释、使用三个维度之间形成循环互动关系。

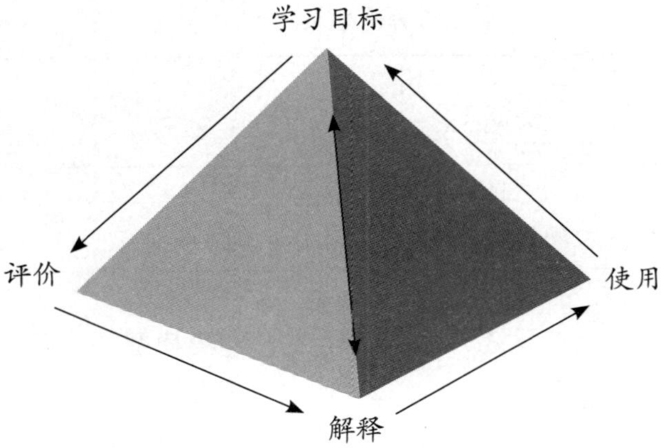

图3.6　赫尔曼的课堂评价模型

PDICE模型。该模型（图3.7）旨在促进学习，包括五个阶段，分别为计划（Planning）、设计（Designing）、实施（Implementing）、收集（Collecting）、评鉴（Evaluating）。在“教学—学习—评价”一致性上，它与前述两个模型是一致的，但涉及面更广。

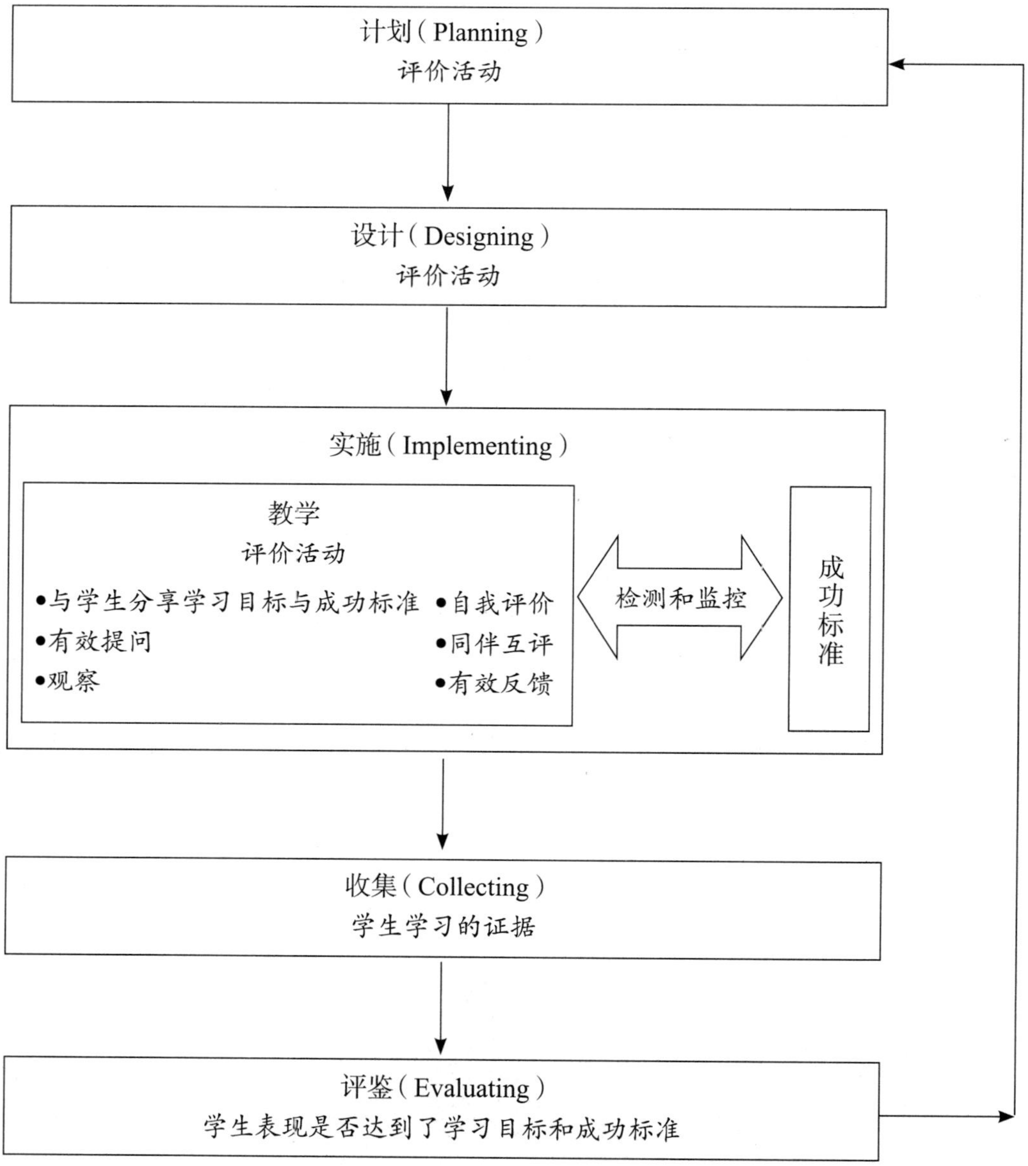

图3.7　课堂评价的PDICE模型

哈勒姆模型。哈勒姆（W.Harlen）认为，课堂评价的主要目的是促进学生学习，因此其模型的中心为学生，各个环节呈一种动态循环的关系，如图3.8所示。

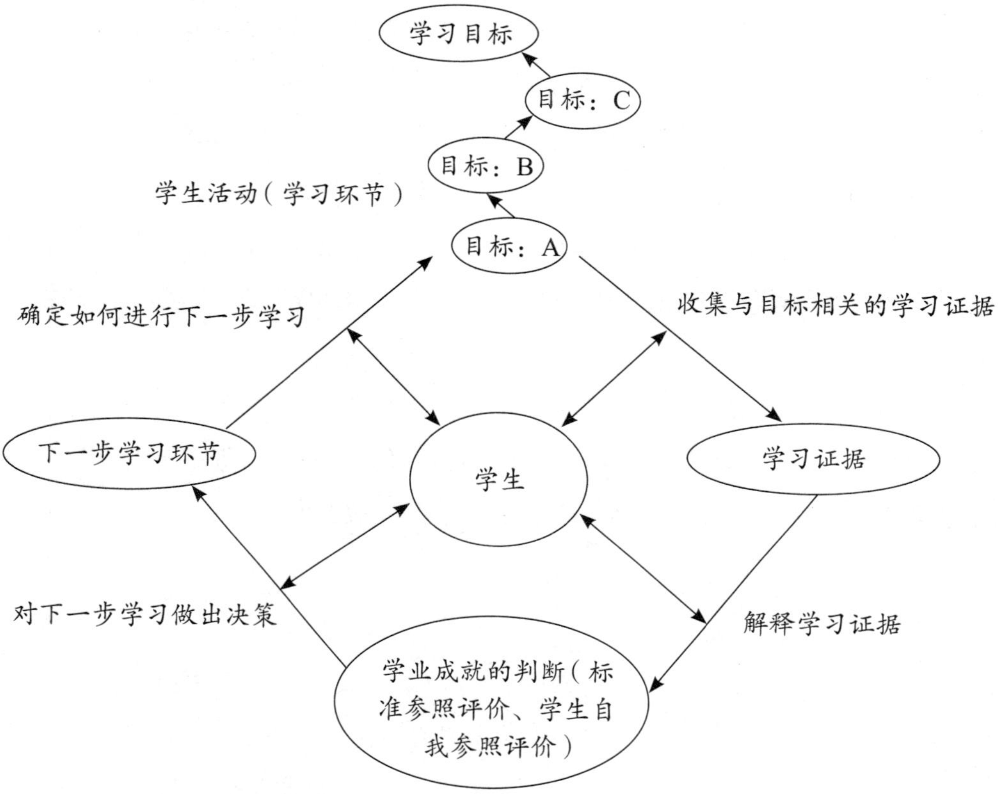

图3.8　哈勒姆的课堂评价模型

（二）建构基于核心素养的形成性评价的实施框架

上述九种模型虽然在评价构成、称谓等方面看似不同，实质上它们都凸显“评价—教学—学习”一体化思想，主要区别在于侧重点有所不同。通过分析，可发现：

1.九种模型都提出或默认课堂评价的目的是促进学生学习。在评价目的上，所有模型都把促进学生学习置于核心地位，这也反映了人们对课堂评价的主要功能形成了基本共识。

2.九种模型总体上涉及了确定学习目标、设计评价任务、解释学生学习表现、开展学习反馈、调整教与学五个环节。所有模型都提及了前述四个环节，但在调整教与学这个环节上并没有达成一致。例如，普赖尔与托兰斯模型、鲁伊兹-普里莫与弗塔克模型没有包括第五个环节；哈勒姆模型虽然隐含地包括第五个环节，但是没有清晰化出这个环节；PDICE模型比较明确地包含了这个环节。本书认为，如果课堂评价是以促进学生学习为目的的，那么调整教与学就是课堂评价的应有之义，这体现了课堂评价引导、促进教与学改进的作用。

3.各种模型中关于各个环节的内涵有待进一步论述。虽然这些模型总体上体现出课堂评价的基本环节，但是对于每个环节的内涵缺乏详细的论述。如对于确定学习目标这个环节，各个模型都一笔带过，没有具体讨论如何确定学习目标、如何制订学习目标的成功标准等重大事项。

4.不同模型体现出学生参与课堂评价的不同程度。例如，普赖尔与托兰斯较少考虑学生参与课堂评价，PDICE模型和北爱尔兰模型显示学生参与课堂评价的程度较高。

本书认为，评价目的是课堂评价的基点，应置于课堂评价的中心位置。而从实施过程来看，要实现课堂评价促进学习的评价目的，课堂评价应包括上述五个环节。它们构成如图3.9所示的整体，各个环节的基本内涵如下：

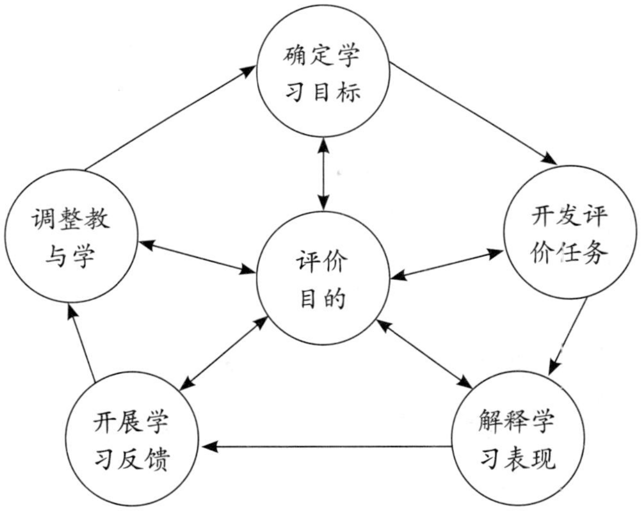

图3.9　基于核心素养的形成性评价的实施框架

确定学习目标：这是开展课堂评价的实施起点，没有明确的学习目标，课堂评价就失去了指向，学习目标越是具体，课堂评价指向性越强。

开发评价任务：要了解学生是否掌握学习目标，教师自然需要开发评价任务。这些评价任务是学习目标的测量工具，必须与学习目标保持匹配。

解释学习表现：指评价主体分析学生完成评价任务的表现，以此判断学生学习好坏的原因，为开展有效的教学与学习反馈打下基础。

开展学习反馈：指评价主体把上一环节得到的信息提供给学生学习利益相关者，其中学生是最重要的一员。这些学生学习利益相关者得到反馈信息后，各自采取行动改进学生学习。

调整教与学：基于反馈信息，教师省察自身教学，并据此做出教学调整。同时，学生依据反馈信息，做出改进学习的行动或规划。从最终结果看，实现课堂评价促进学习的目的，势必改进教师教学与学生学习。

上述五个组成环节构成了一个整体，这些环节相互影响、密不可分，它们的共同指向在于促进学生学习。具体实施促进学习的课堂评价时，可以依据实际需要重点突出某个环节，或者突出某个环节下的某个要求。实际上，上述框架大多在一些相对正式的课堂评价中才会采纳，而在一些相对非正式的课堂评价中，有时只需突出某个重点环节就可以了。

在展开后续研究内容之前，有两点需要强调说明。一是确定学习目标环节需要紧扣核心素养，二者紧密相连，下文在阐述有关技术时，将对此展开详细论述。二是学生需要参与课堂评价，但存在不同的参与程度。理想情况下，学生可以主体身份深度参与所有课堂评价，甚至是参与设定学习目标、共同讨论制定评价标准。本研究完全赞同这样的做法，认为这是将来形成性评价的努力方向，但平心而论，这与现有课堂评价的实施水平有着巨大差距，综合考虑笔者时间与精力以及当前课堂评价现状，在确定学习目标与开发评价任务环节，本研究把实施主体限定为教师，主要从教师角度进行探讨。

第四章 设计指向核心素养的单元教学方案：行动准备

指向核心素养的形成性评价并非孤立的，它与教学是紧密结合在一起的，否则，就无法发挥形成性评价促进核心素养落实的功能和作用。因此，在开展指向核心素养的形成性评价时，势必先制定相关单元教学方案。本章将以案例形式来阐述指向核心素养的单元教学方案的制定，试图以案例形式来回答制定这种单元教学方案的关键，即何为单元教学导向，如何确定指向核心素养的教学目标，为何设计表现性评价，如何设计和开展问题驱动的学习。为便于读者理解，本章将先呈现一则指向核心素养的单元教学方案，然后结合这个案例来回答上述问题，意图提供些许启示。

一、指向核心素养的单元教学方案：从一则案例谈起

本部分案例共分三个部分，分别为案例开发背景、案例开发过程、案例开发结果。下面按此顺序呈现。

（一）案例开发背景

2019年12月，杭州二中白马湖学校与浙江工业大学教育科学与技术学院邵朝友博士领衔团队开展合作。作为合作课题“大观念①导向的课程教学行动研究”的重要组成，大观念导向的单元设计乃重中之重。步入2020年新学期，学校部分教师开始尝试撰写单元教学方案。当时执教三年级语文课程的徐美勤老师尝试撰写了三年级下册第三单元“中华优秀传统文化”教学方案。下述文字记录了该方案开发的主要历程。

---

① 大观念相关论述可参考本书附录A。

(二)案例开发过程

1.确定所要落实的课程标准

行动开始阶段，徐老师先查阅了《义务教育语文课程标准(2011)》的相关内容，具体如下：

(1)对学习汉字有浓厚的兴趣，养成主动识字的习惯。(识字与写字)

(2)用普通话正确、流利、有感情地朗读课文。能联系上下文，理解词句的意思，体会文中关键词句表达情意的作用。能借助字典、词典和生活积累，理解生词的意义。(阅读)

(3)乐于书面表达，增强习作的自信心。愿意与他人分享习作的快乐。观察周围世界，能不拘形式地写下自己的见闻、感受和想象，注意把自己觉得新奇有趣或印象最深、最受感动的内容写清楚。(习作)

(4)能用普通话交谈。学会认真倾听，能就不理解的地方向人请教，就不同的意见与人商讨。能清楚明白地讲述见闻，说出自己的感受和想法。讲述故事力求具体生动。(口语交际)

(5)能提出学习和生活中的问题，有目的地搜集资料，共同讨论。能在教师的指导下组织有趣味的语文活动，在活动中学习语文，学会合作。(综合性学习)

2.学习内容分析

本单元以“中华优秀传统文化”为主题，编排了《古诗三首》《纸的发明》《赵州桥》《一幅名扬中外的画》等学习内容，这些课文从不同侧面展现了中华优秀传统文化的魅力。《古诗三首》描绘了我国古代春节、清明节和重阳节人们过节时的情景，表现了中华传统节日的民间风俗；《纸的发明》介绍了中国古代四大发明之一“造纸术”的发明，以及它对人类社会进步和文化发展产生的巨大影响；《赵州桥》介绍了河北省赵县洨河上的一座著名石拱桥，表现了中国古代劳动人民的智慧和才干；《一幅名扬中外的画》介绍了北宋名画《清明上河图》，该画描绘了北宋都城汴梁热闹的街市，再现了古都的风貌和当时人们的生活情景。

本单元的语文要素是“了解如何围绕一个意思把一段话写清楚”。在三年级上册曾学习过“借助关键语句理解一段话的意思”。三年级上册主要是从理解内容的角度提出的，这个单元主要是从学习表达的角度提出的。知道围绕一个意思写清楚一段话的具体方法，不仅能促进学生深入理解课文内容，而且也为学生的习作实践提供方法上的引导。本单元在精读课《赵州桥》、略读课《一幅名扬中外的画》中都渗透了语文要素的学习；在“语文园地”的“交流平台”中通过列举例子帮助学生体会单元语文要素，安排了“综合性学习”，这是教材中首次出现综合性学习栏目。本次综合性学习活动主要围绕生活中的传统节日展开，这个活动既和单元主题密切相关，又和学生的生活紧密结合。

3.学情分析

结合以前的教学经验和单元前测（表4.1），可以发现学生对于重要传统节日的名称、习俗等有一定了解，但不够精准，对于节日时间及表述方式不太了解。在语文要素方面，在一段话中寻找中心句，对于中心句在开头的比较有把握，对于中心句在段末或中间的，不够确定。

表4.1　语文三年级下册第三单元学习前测

1.选一选：下列哪些节日是我国传统节日？（多选）____________

A.春节　B.国庆节　C.中秋节　D.儿童节　E.七夕节　F.重阳节　G.清明节

2.连一连：请将节日名称与节日时间、节日习俗正确匹配。

		吃粽子
农历五月初五	元宵节	吃元宵
		赛龙舟
正月十五	端午节	赏花灯
		挂艾蒿

3.画一画：请用直线画出以下段落的中心句。

①西沙群岛也是鸟的天下。岛上有一片片茂密的树林，树林里栖息着各种海鸟。遍地都是鸟蛋。树下堆积着一层厚厚的鸟粪，这是非常宝贵的肥料。

②有的蹲坐在石柱上，好像朝着远方长吼；有的低着头，好像专心听桥下的流水声；有的小狮子偎依在母狮子的怀里，好像正在熟睡；有的小狮子藏在大狮子的身后，好像在做有趣的游戏；还有的小狮子大概太淘气了，被大狮子用爪子按在地上……卢沟桥的狮子真是形态不一，姿态各异。

③吃过晚饭，火烧云上来了。这地方的火烧云变化极多。一会儿红彤彤的，一会儿金灿灿的，一会儿半紫半黄，一会儿半灰半百合色。葡萄灰、梨黄、茄子紫，这些颜色天空都有。还有些说也说不出来、见也没见过的颜色。

4.写一写：你最喜欢哪个传统节日？可以写一写，跟大家分享吗？

我最喜欢__________节啦！____

____

____

4.确定学科核心素养及核心素养

结合上述行动，确定本单元两项学科核心素养，即语言建构与运用、文化传承与理解。前者意味着学生在学习、理解、运用人文领域知识和技能等方面所形成的基本能力、情感态度和价值取向，具体包括人文积淀、人文情怀和审美情趣等基本要点。后者要求学生在语文学习中，继承中华优秀传统文化，理解、借鉴不同民族和地区文化的能力，以及在语文学习过程中表现出来的文化视野、文化自觉意识和文化自信态度。

5.确定本单元的目标及主要问题

根据上述分析，确定本单元的大观念为“中华优秀传统文化与自信”“围绕一个意思把一段话写清楚”，进而确定了本单元核心目标：感受中华优秀传统文化，树立文化自信；了解如何“围绕一个意思把一段话写清楚”。为了达成本单元核心目标，学生需要掌握更为具体的知识与技能：

（1）认识36个生字、读准7个多音字、会写37个字、会写50个词语。

（2）能背诵、默写指定的古诗，抄写指定的课文段落。

（3）了解课文相关段落是如何“围绕一个意思把一段话写清楚”的。

（4）能用不同方式收集介绍我国传统节日的资料，用多种方式展示综合性学习成果。这种统领全章教学的问题可称之为主要问题，一般包含1—3个。

6.评价设计

为判断以上大观念的学习要求是否得到落实，可从两大方面进行评价：

（1）表4.2所示的评价，包括课文学习、综合性学习与园地学习三个板块（30分），以及课堂表现（10分）和作业情况（10分）。

（2）其他附加证据，包括完成一份本单元学习内容的思维导图（0—10分）、单元测试（0—30分）、写一份单元学习小结（0—10分）。

表4.2　日常学习表现的评价设计

评价项目		评价依据	评价主体	评分要求	分值
板块学习（30分）	课文学习（10分）	（1）识字写字能力 （2）背诵积累能力 （3）提取信息，概括归纳能力 （4）本单元语文要素	自评、互评、师评	认识36个生字，读准7个多音字，会写37个字，会写50个词语	0—2分
				能背诵默写指定古诗，抄写指定段落	0—3分
				能根据要求提取段落中的重要信息，并加以合理运用	0—2分
				了解课文相关段落是如何“围绕一个意思把一段话写清楚”的	0—3分

（续表）

评价项目		评价依据	评价主体	评分要求	分值
板块学习（30分）	综合性学习（10分）	（1）收集整理资料的能力 （2）组内合作分享整合资料的能力 （3）成果提炼和展示的能力 （4）互相评价，提出建议的能力	自评、互评、师评	能用不同方式收集我国传统节日的资料	0—2分
				能就自己感兴趣的一个传统节日写一篇习作，写清楚过节的过程	0—3分
				以适当的方式展示综合性学习的成果	0—2分
				能认真学习其他小组的成果展示并积极参与评价	0—3分
	园地学习（10分）	（1）梳理掌握语文要素的方法的能力 （2）生活自主识字能力 （3）根据流程介绍过程的能力 （4）仿写段式能力 （5）积累特定词语能力	自评、互评、师评	能回顾、梳理“围绕一个意思把一段话写清楚”的具体方法	0—2分
				能分享在日常生活中自主识字的方法及成果，认识“税”“档”等7个生字	0—3分
				能按活动的步骤，介绍某一手工活动过程；能模仿段式特点写话	0—2分
				了解、积累“文房四宝”等有关中华优秀传统文化的四字词语	0—3分
课堂表现（10分）		针对听讲、发言情况及小组合作学习参与情况进行综合评价	自评、互评、师评	认真按教师要求完成任务	0—2分
				善于倾听，有想法积极提问	0—3分
				积极参与小组活动、展示	0—2分
				课堂积极发言，发言质量高	0—3分
作业情况（10分）		跟踪预习单、课堂作业本、综合性学习调查、习作等完成情况。对作业完成程度、上交时间、订正效果进行观察记录	组评、师评	字体工整，字面整洁无涂改	0—3分
				作业正确率高	0—3分
				认真审题，按要求答题完整	0—4分

7.学习活动设计

单元教学注重学生能力表现，为此徐老师在主要问题“如何感受中华优秀传统文化”和了解“如何围绕一个意思把一段话写清楚”的引领下设计了如下学习问题，并用这这些问题来组织相关学习活动，这些学习问题及其具体活动构成了整个单元的大致学习活动，见表4.3。图4.1描述了更为直观的学习计划。

表4.3　学习活动一览表

主要问题：如何感受中华优秀传统文化？如何围绕一个意思把一段话写清楚？		
主题	学习问题	具体活动
A《古诗三首》（2课时）	这三首诗分别写的是哪个传统节日？写出了什么样的节日情景	A1.交流诗中所写节日的习俗 A2.说说自己是如何过这些节日的 A3.课后小测
B《纸的发明》（2课时）	为什么只有蔡伦改进的造纸术传承了下来？每个自然段的意思是什么	B1.借助思维导图介绍纸的发明过程 B2.交流确定段落大意的方法 B3.课后小测
C《赵州桥》（2课时）	第二、三自然段是怎样把赵州桥的特点写清楚的	C1.借助关键句及提供的词语介绍赵州桥 C2.交流确定第二、三段段落大意的方法 C3.课后小测
D《一幅名扬中外的画》（1课时）	为什么《清明上河图》会名扬中外？每一段都是围绕哪个意思写的	D1.为《清明上河图》制作名片，并做介绍 D2.交流确定段落大意的方法 D3.课后小测
E综合性学习“中华传统节日”（4课时）	你从“中华传统节日”的综合性学习活动中收获了什么	E1.确定活动小组、选定节日 E2.收集整理资料，组内汇总整合 E3.全班交流评价，提出意见建议 E4.选择一个传统节日，写一篇习作 E5.课后小测
F语文园地（2课时）	你会梳理“围绕一个意思把一段话写清楚”的方法吗？你会借助流程图说一段话或围绕着一个意思写一段话吗	F1.交流评价，回顾梳理方法 F2.交流生活中自主识字的收获 F3.借助流程图或仿照例句围绕一个意思说或写一段话 F4.积累与中华优秀传统文化相关的四字词语 F5.课后小测

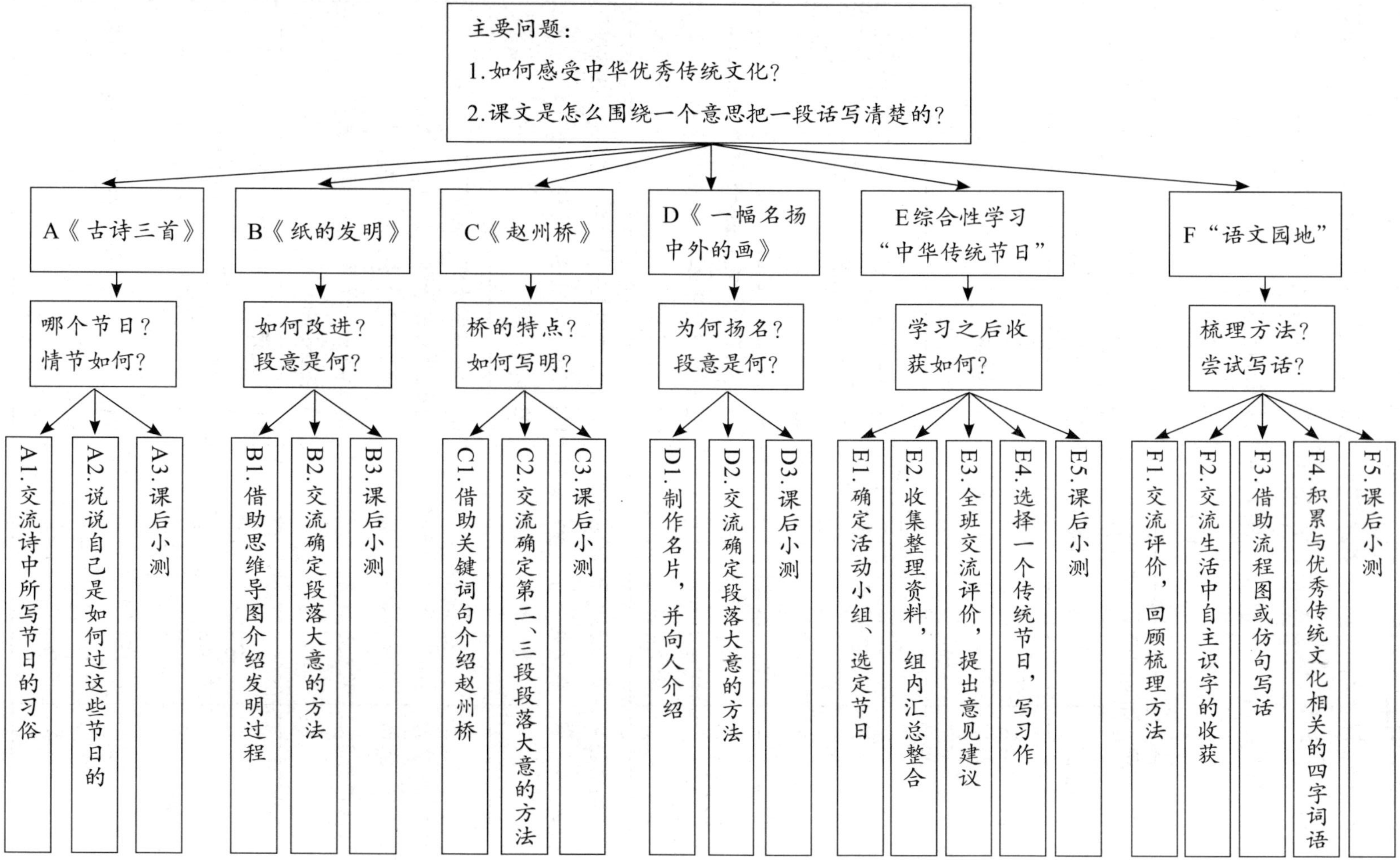
主要问题：
1.如何感受中华优秀传统文化？
2.课文是怎么围绕一个意思把一段话写清楚的？
A《古诗三首》
哪个节日？情节如何？
A1.交流诗中所写节日的习俗
A2.说说自己是如何过这些节日的
A3.课后小测
B《纸的发明》
如何改进？段意是何？
B1.借助思维导图介绍发明过程
B2.交流确定段落大意的方法
B3.课后小测
C《赵州桥》
桥的特点？如何写明？
C1.借助关键词句介绍赵州桥
C2.交流确定第二、三段段落大意的方法
C3.课后小测
D《一幅名扬中外的画》
为何扬名？段意是何？
D1.制作名片，并向人介绍
D2.交流确定段落大意的方法
D3.课后小测
E综合性学习“中华传统节日”
学习之后收获如何？
E1.确定活动小组、选定节日
E2.收集整理资料，组内汇总整合
E3.全班交流评价，提出意见建议
E4.选择一个传统节日，写习作
E5.课后小测
F“语文园地”
梳理方法？尝试写话？
F1.交流评价，回顾梳理方法
F2.交流生活中自主识字的收获
F3.借助流程图或仿句写话
F4.积累与优秀传统文化相关的四字词语
F5.课后小测

图4.1 单元计划

8.反思并确定最终方案

为慎重起见，徐老师反复思考自己的教学方案，并多次进行修改，才确定最终方案。

二、指向核心素养的单元教学方案：案例剖析

上述案例包含众多内容，涉及诸多技术，为便于读者理解，下文对“以单元教学为导向”“进行课标、教材、学情分析”“确定指向核心素养的教学目标”“设计表现性评价”“开展问题驱动的学习”“联结其他单元设计”六个技术做剖析。

(一)以单元教学为导向

从范围看，课程教学方案大致包含三种，分别是学期或学年层面的课程纲要、单元或模块层面的教学方案、课时教案。前述案例属于单元层面的教学方案，并非平时所说的课时教案。在指向核心素养的教学与评价中，我们提倡教学设计要以单元设计来规划教与学活动。根据国际文凭组织编制的《中学项目：从原则到实践》，单元可被定义为：一个以总结性评估为终结的学习阶段。从这一定义出发，单元教学设计可视为是对一个学习阶段的教与学活动的整体规划。

之所以提倡单元教学，离不开两个主要原因。一是单元教学方案上接学期/学年课程纲要，下接课时教案，是课程教学方案设计与实施的“中间力量”。它不仅为落实课程纲要提供基础单位，也为课时教案提供背景。正是在单元教学方案这个整体背景下，课时教案才有意义，没有单元教学方案，课时教案只是孤零零的、没有意义的局部。二是核心素养是种大容量的素养，需要通过单元教学方案的规划得以落实，而不是细碎化的、孤零零的课时教案来落实。如果没有单元教学方案，依靠课时教案我们只能得到一些破碎的目标，而不是统整性核心素养。

(二)进行课标、教材、学情分析

对于国家课程必须进行课程标准分析，其核心任务是解读课程标准的基本要求，有关这部分内容在第三章做了论述，在此就不再赘述。对于教材分析，至少需要确定教材呈现了哪些内容，这些内容可用于服务哪些教学目标。前者需要教师通读教材，了解教材基本内容，后者需要教师“用教材”而不是“教教材”，即把教材作为一种落实教学目标的材料，可以根据实际需要灵活使用教材，对教材进行创造性解读。

对于学情分析，教师要结合需要完成的教学内容与目标，分析与之紧密关联的已有教学经验，以便实现新旧经验的联结。一般说来，学情分析需要教师了解学生

学习新内容时可能遇到的问题，尤其是那些典型的学习问题，了解背后的原因，并把它作为重要的教学资源。同时，学情分析需要教师了解该年龄阶段学生典型的心理特征等相关因素。这些分析大多是针对班级层面来进行的，还未涉及学生个体层面，如条件允许，还需要深入分析学生的学习情况。具体运作时，可采取前测、问卷、访谈等方式进行。

总之，学情分析是确保教学质量的重要事项，它能对学生学习起点与生活经验、学习动机与学习兴趣、学习的思维路径等进行诊断，从而更充分地利用学习资源、找到教与学的切入点、预见学习难点、分析学生的个性差异。进行学情分析时需要注意：在课前，学情分析要进行学生学习起点和预测可能性的分析；在课中，学情分析要对学生学习状态进行实时分析；在课后，学情分析要对学生学习结果进行反思分析。

（三）确定指向核心素养的教学目标

要落实核心素养，需要教学目标紧扣核心素养，或者说需要联结核心素养与教学目标。只有这样，核心素养才可能在教学中得以落实，才能在形成性评价中得以实践。上述案例开发过程中，目标之间存在如图4.2所示的关系。

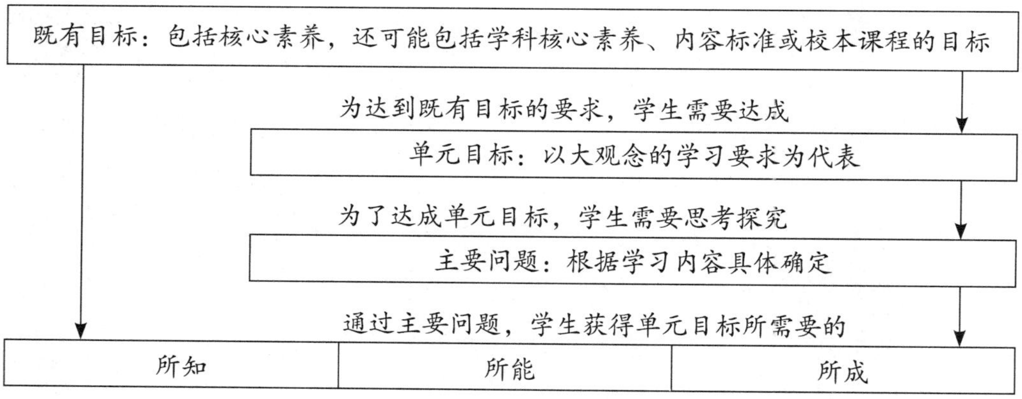

图4.2　各层面目标的内在逻辑

这里有几点值得注意：一是本案例选自学科课程，但也适合于非学科课程，如校本课程或整合课程；二是单元目标除了采用与本案例相似的处理办法外，也可以采取“大观念的学习要求”方式来表达。主要问题是达成大观念的学习要求的问题，通过探究这些问题，学生将达到大观念的学习要求。

（四）设计表现性评价

评价任务大致可分为选择性反应与建构性反应，前者的答案由命题者给出，如选择题的选项，后者的答案由答题者给出，如学生写出的作文。对于核心素养这种综合性素养而言，选择表现性评价更为合适。表现性评价主要由针对学习目标的表现性任务和评分规则构成。

1.表现性任务的开发

表现性任务是表现性评价的核心要素，自然要体现出表现性评价的特点。一般说来，设置表现性任务时，必须遵守四个原则：

（1）要求学生进行知识的建构。表现性评价的初衷是要求学生应用已有知识来解决问题，从而展现出某种实操能力或表现能力。其潜在要求就是表现性任务能为学生获取、建构新知识提供一种学习机会。

（2）要求学生综合应用各种知识、技能。表现性评价往往需要学生进行问题解决，问题解决则要求学生具备知识与策略思维，如陈述性知识与程序性知识或一般的和具体的问题解决策略。

（3）要求学生展现出所要考察的表现过程与结果。表现性评价不但关注学生的表现过程，也关注学生表现的结果，这些表现过程和结果就是产生评价结果的证据所在。

（4）要求任务本身应尽量真实。相对于纸笔测验试题，表现性任务要尽量真实。这就要求表现性任务的背景、活动来自生活，是学生熟悉的日常环境。

具体开发表现性任务时，可遵循如下程序或步骤：

（1）确定评价目标。在课堂评价中，评价目的主要是促进学生的学习。表现性评价的目标是获得学生学习发生的证据，因此在选择或开发表现性任务时，教师要对学习目标非常清晰。此处的关键是确定评价目标的指向是具体学科领域主题还是跨学科领域主题，以及主题所要评价的认知过程和社会技能，如要求学生展现“信息组织技能”还是“小组合作技能”。如果评价目标不清晰，可应用具体化课程标准的技术确定目标，反之无须分解。

（2）设置表现性任务。评价目的与目标是从更大的范畴对表现性任务做出约定，具体至研制表现性任务，需要考虑选择任务类型、确定构成评价目标的任务成分、设置任务情境、撰写任务指导语、编制评分标准、注意伦理与公平。

（3）审核研制结果。完成上述各个步骤后，可以把它们加以整合以获得表现性任务，如果可能的话，可从如下方面进行审核：任务成分、任务情境、任务要求、任务指导语与评价目标的一致性、任务中的伦理与公平问题。

（4）完善研制结果。最后，在应用表现性任务前，重新审视将要使用的表现性任务，并对发现的不足做出相应调整。任务执行后，如发现新问题，亦可重新修正任务。

2.评分规则的开发

评分规则是一种评价工具，是对学生应当达成目标的详细描述，主要适用于对学生复杂表现和作品的评价。它可由专业人员开发，也可由教师自主开发，可用于教师教学，也可用于学生学习。按照评价的方式与指向性，评分规则可分为：整体与分项评分规则、通用与特定任务评分规则。每种评分规则各具优点和不足，实践中，评分规则类型的选择应根据实际情况而定。

开发过程中，教师必须对下述问题做出回答：

（1）指向什么学科核心素养，有现成的内容标准参考吗？

（2）评分规则所评价的学习目标有哪些重要特征？

（3）评定学生在任务中表现好坏的标准是什么？

（4）相关教育研究机构是否有体现标准的评分规则或课程框架的样例；在教师专业杂志、教师业务通讯、专业期刊或教材上，是否有相关建议？

（5）评分规则的开发是否基于实际情况，充分考虑了实效性。

（五）开展问题驱动的学习

问题意指有待解决的一种情境任务，问题解决的过程就是学习的过程。本案例充分考虑了问题解决对于落实核心素养的意义与价值，以主要问题为统领设计单元层面的关键问题。这里的主要问题可理解为落实单元目标的大的问题，学生在整个单元学习中围绕它展开探究，从而实现探究学习。

从范围角度看，主要问题可分为概括式问题和主题式问题。前者指向超越细节的、更大的、可迁移的大观念。就实际而言，在建构概括式问题时，往往不会提到特定的主题、事件或具体文本，如“科幻小说是伟大的文学作品吗？”就不涉及特定科幻小说。后者则有具体学科或具体的主题，能建构学习单元，引导学生探究大观念和特定学科之内的程序，如“《故都的秋》是怎样体现作者内心的？”相比之下，前者更具有概括性、迁移性，后者更为具体化、主题化，如何应用它们取决于教学实际需要。这种需要涉及了主要问题的两种目的——引导与开放。前者用于引导学生对关键的概念或观念进行探究，教师提出这些问题作为策略，以发现学生是否达到期望的学习目标。后者用于引导学生对于一再出现、未解决的重要问题进行更深入、更有创意的思考。关于范围-目的的分类，表4.4勾勒出每个问题所具有的双重身份，采取哪种类型取决于教学实际需要。

表4.4　主要问题类型列表

关于目的	关于范围	
	概括式	主题式
开放	例如：谁是真正的朋友	例如：这个故事中谁是堂·吉诃德最忠实的朋友
引导	例如：朋友意味着什么	例如：朋友在关键时刻会帮你做些什么

相比本书后续章节所呈现的问题设计，本章节不仅设计了单元层面的主要问题，还为此配置了不同课时层面的问题。如此一来，这些不同层次的问题构成了问题链，为学生在整个单元学习中提供了探究机会。

（六）联结其他单元设计

在上文中，单元设计的探讨主要就单元主要问题展开，但如果站到学期层面来考虑，一般还需要考虑单元与单元之间的关系。这是因为单元之间构成了一个整体，体现在方案上，即各单元构成学期课程纲要。

在此，要使得单元之间形成一个整体，至少需要考虑：

（1）各个单元目标之间的关系。尽量使得目标之间能围绕一个共同的话题或主题展开，或者以核心素养来统领各个单元，或者以大观念来统领单元。这里大观念的学习要求成为各单元的总体目标，具体化了核心素养的要求。换言之，单元目标构成了学期层面目标。这些目标是递进还是平行关系，直线式还是螺旋式关系，都需要加以明确。

（2）学期层面学习任务与单元层面学习任务之间的关系。一般学期层面的大任务可分解为单元层面的大任务，使得单元之间的任务群与学期层面的大任务直接对应。

（3）学期层面评价任务与单元层面评价任务之间的关系。一般学期层面评价设计应包含学期末评价设计和学期过程评价设计，学期过程评价设计往往与单元层面评价设计直接关联，需要教师加以明确。

第五章 “西湖风景名胜传说”单元评价：让评价贯穿单元教学

教学—学习—评价一致性是课程设计的内在诉求，如何让评价贯穿整个单元设计已成为一个非常现实而重要的议题。为此，本章将通过一个案例做具体阐述。该案例由杭州育才登云小学韩文杰老师研制，笔者整理而得。当时韩文杰老师任教的校本课程为“西湖民间故事”，该课程包括“西湖风景名胜传说”“西湖特产传说”“西湖传说故事”三个大单元的内容。本案例单元为“西湖风景名胜传说”，下文以第一人称进行叙述。

一、设计缘由

2021年9月开学后，我负责学校校本课程“西湖民间故事”的开发工作。作为新入职的年轻教师，我一直担心抓不住课程教学核心。参与一段时间的听评课活动后，决定将研究生期间所学的目标、教学、评价的一致性理论应用于教学实践。

在此，有个问题非常现实，即目标、教学、评价的一致性如何实现？在课时还是单元层面，是教学与评价相对独立，还是教学与评价相互融合？又需要哪些技术来解决这些问题？非常幸运的是，在2021年11月，我阅读了林秋雨老师与周文叶老师撰写的《单元设计中的评价：以表现性评价促进“教—学—评”一致——以斯坦福大学NGSS评价项目为例》，深受启发。于是，我借鉴该论文的技术框架为单元“西湖风景名胜传说”设计了单元评价，意图实现将评价嵌入教学过程的设想。

二、设计过程

（一）设计单元评价

1.确定单元评价的目标

该单元核心概念为“故事叙述需要表现出内容与美感”，与核心素养“人文底蕴”直接关联，单元评价总体目标为“讲述西湖传说并叙述出传说之美”，相关具体目标包括：

（1）能阅读浅近的故事，对感兴趣的人物和事件有自己的感受，并提出想法。

（2）听故事、看音像作品，能复述其大意和自己感兴趣的情节。

（3）能较完整地讲述小故事，能简要讲述自己感兴趣的见闻。

（4）初步领略故事之美。

2.构建单元评价的表现性任务

基于上述目标，研制单元评价的表现性任务，可从设置问题情境和撰写任务导语两个步骤进行设计。

第一步，设置单元评价的问题情境。上述目标，尤其是四条具体目标，实质上反映了对学生表现结果的要求，可据此思考问题情境的设计：

杭州西湖有许多美丽的传说，这些故事内容神奇、富有想象力，引人入胜。让我们一起走进“西湖风景名胜”，听一听，讲一讲它们的故事，并说出你自己的感受。

第二步，撰写单元评价的任务指导语。为更好地让学生完成任务，还需要告知学生他们需要做什么，可得到哪些支持等。对于上述问题情境，可设计如下任务指导语：

在学校组织的比赛中，你需要说出故事的主人公，并提出1—2个问题；听完故事后，简要说出印象最深的故事情节……

完成上述两个步骤后，可通过整合问题情境和任务指导语得到表现性任务。整合过程不是简单的合并，通常需要重新组织语言。表5.1的第一、二栏类似于问题情境和任务指导语。

表5.1 单元评价的学生任务指南设计

任务介绍： 同学们好！杭州西湖美景如画，西湖的名胜也各有传说和来历。近期，学校拟举办“讲西湖风景名胜传说故事”的比赛，现向同学们发出参赛邀请。 你能否了解几个关于西湖风景名胜传说的小故事，根据故事内容画一幅美景图，小组合作讲讲传说故事，并结合自己的游览，说说自己的感受？期待你在比赛中获得好成绩！
在这次评价中，你需要展示如下能力： （1）说出故事的主人公，根据故事内容提出1—2个问题。（子评价任务1） （2）听完故事后，简要讲出印象最深刻的故事情节。（子评价任务2） （3）根据故事内容，画出风景名胜图。（子评价任务3） （4）小组合作选择一个传说故事，通过小组成员喜欢的方式（分段讲述、分角色演等）合作录制讲故事的视频，并说说自己的游览感受。（子评价任务4）
需要评价的学生作品： （1）上交绘画作品和讲故事视频，进行师评和同学互评。 （2）阶段性任务中涉及的问题回答和表述作为形成性评价的材料。

3.制定单元评价的评分规则

在单元评价中，基于学生学情，从学生立场概括性地说明总体评价标准。对于上述任务，研制出了表5.2的评分规则。

表5.2 单元评价的评分规则设计

水平一	水平二	水平三	水平四
学生能够讲出故事的主人公，提出1个想问的问题，并大致复述出自己感兴趣的故事情节	学生能够讲出故事的主人公，提出1个想问的问题，根据故事画出风景画；小组合作复述出故事大意和自己感兴趣的情节，语言表达流畅	学生能够根据故事内容提出2个想问的问题，并画出风景画；小组合作复述出故事大意和自己感兴趣的情节，并交流自己的游览感受，语言流畅、自然大方	学生能够根据故事内容提出2个以上想问的问题，并画出风景画；小组合作复述出故事大意，生动地讲出自己感兴趣的情节并交流自己的游览感受，语言流畅、自然大方

（二）把评价嵌入单元设计

通过上述步骤，已经基本建构了“西湖风景名胜传说”单元的表现性评价，单元教学和学习经历相互嵌入，实现了“教—学—评”的一致性。为了更好地把评价贯穿于整个单元教学，可采取两种办法：一是以目标为线索把评价目标按课时分解为课时目标，然后制订这些分目标的表现性任务和评分规则；二是以评价为线索把总的评价任务分解为几个子评价任务，并根据课时安排这些子评价任务。这里需要注意的是，这些子评价任务一般为课时中的核心任务，通常也作为课时的核心教学任务。下述以评价为线索，呈现如何把评价嵌入单元设计。

1.组织单元评价的时间线

单元评价的时间线将贯穿整个学习序列，在“讲西湖风景名胜传说故事”的任务情境下，共安排了4个课时，逐步引导学生的学和教师的教（表5.3）。

表5.3　单元评价的时间线设计

第一课时 （嵌入子评价任务1）	（1）欣赏“西湖十景”，介绍任务 （2）阅读文字、看视频录像，说出故事的主人公，并就故事内容提出想要提问的问题
第二课时 （嵌入子评价任务2）	再听故事，简要讲出印象最深刻的故事情节
第三课时 （嵌入子评价任务3）	（1）根据故事内容，画出风景名胜图 （2）欣赏风景名胜图，重温故事内容 （3）布置课下视频任务（小组合作）
第四课时 （嵌入子评价任务4）	欣赏讲故事视频，交流感受

2.依据单元评价制定教师单元教学指南和方案

明晰了评价设计，还需要明确评价与教学的关系，以实现二者的一致性，在教师的教学过程中，教师为学生提供学习框架，促使学生积极参与单元评价任务，实现单元评价目标（表5.4）。

表5.4　教师教学指南示例

学生活动	教学指导
介绍单元评价 （嵌入子评价任务1）	（1）向学生介绍评价的背景信息 （2）带领学生欣赏“西湖十景”，激发学习兴趣 （3）提醒学生如何有效地自主学习和合作学习 （4）提供故事文本和视频录像，引导学生说出故事的主人公 （5）记录并交流学生提出的问题

（续表）

学生活动	教学指导
讲出印象最深刻的故事情节（嵌入子评价任务2）	……
画出风景名胜图（嵌入子评价任务3）	……
欣赏讲故事视频，交流感受（嵌入子评价任务4）	（1）课前布置视频作业 （2）再次明确作业的评价维度和评分规则 （3）引导学生自主欣赏视频，和自己的作品对比，提出1—2个优点 （4）带领学生提出改进措施 （5）评选“西湖风景名胜传说”故事小达人

在“西湖风景名胜传说”单元，遵循如上设计，表现性评价贯穿了教和学的全过程，实现了素养本位的单元设计一致性，并有效指向单元目标和学生的学习进步。通过进一步整合，得到如下教学方案。

方案展示

“西湖风景名胜传说”单元教学方案（节选）

适用年级：三年级　课时：4课时

1.学情分析

学生对传说故事非常感兴趣，也听说了一些有关西湖的传说，能基本完整讲述传说故事或某一片段，并表达自己的感受。但对于正式表达还缺乏足够的能力，而且较少对故事本身提出自己的疑问，不擅长发表自己的想法。

2.单元目标、核心素养

该单元核心概念为“故事叙述需要表现出内容与美感”，与核心素养“人文底蕴”直接关联，单元评价总体目标为“讲述西湖传说并叙述出传说之美”，相关具体目标包括：

（1）能阅读浅近的故事，对感兴趣的人物和事件有自己的感受，并提出想法。

（2）听故事、看音像作品，能复述其大意和自己感兴趣的情节。

（3）能较完整地讲述小故事，能简要讲述自己感兴趣的见闻。

（4）初步领略故事之美。

3.评价设计

总评价任务与子评价任务设计如下，相关评分规则见表5.2。其中下划线对应的是单元层面的大问题。

任务介绍：

同学们好！杭州西湖美景如画，西湖的名胜也各有传说和来历。近期，学校拟举办“讲西湖风景名胜传说故事”的比赛，现向同学们发出参赛邀请。

你能否了解几个关于西湖风景名胜传说的小故事，根据故事内容画一幅美景图，小组合作讲讲传说故事，结合自己的游览，说说自己的感受。期待你在比赛中获得好成绩！

在这次评价中，你需要展示如下能力：

（1）说出故事的主人公，根据故事内容提出1—2个问题。（子评价任务1）

（2）听完故事后，简要讲出印象最深刻的故事情节。（子评价任务2）

（3）根据故事内容，画出风景名胜图。（子评价任务3）

（4）小组合作选择一个传说故事，通过小组成员喜欢的方式（分段讲述、分角色演等）合作录制讲故事的视频，并说说自己的游览感受。（子评价任务4）

需要评价的学生作品：

（1）上交绘画作品和讲故事视频，进行师评和同学互评。

（2）阶段性任务中涉及的问题回答和表述作为形成性评价的材料。

4.教学过程设计

课时	学生活动	教学指导
第一课时	介绍单元评价 （嵌入子评价任务1）	（1）向学生介绍评价的背景信息 （2）带领学生欣赏“西湖十景”，激发学习兴趣 （3）提醒学生如何有效地自主学习和合作学习 （4）提供故事文本和视频录像，引导学生说出故事的主人公 （5）记录并交流学生提出的问题
第二课时	讲出印象最深刻的故事情节 （嵌入子评价任务2）	……
第三课时	画出风景名胜图 （嵌入子评价任务3）	……

（续表）

课时	学生活动	教学指导
第四课时	欣赏讲故事视频，交流感受 （嵌入子评价任务4）	（1）课前布置视频作业 （2）再次明确作业的评价维度和评分规则 （3）引导学生自主欣赏视频，和自己的作品对比，提出1—2个优点 （4）带领学生提出改进措施 （5）评选“西湖风景名胜传说”故事小达人

三、反思与展望

通过上述设计，单元评价不仅有总体的评价设计，还有局部的评价设计。这很好地实现了整体与局部在目标、教学、评价上的一致性，进而实现了素养导向的课程教学。回顾整个设计过程，还存在一些需要改进的地方。

一是需要加强对目标的研究。事实上，评价设计总是从目标开始，这里的目标包括单元层面的总目标与具体目标。我在设计过程中还缺乏对总体目标的把握，尤其是从大观念/概念角度出发来设计单元总目标，而这恰恰是设计单元评价大任务所需要的。

二是需要深入学习表现性任务研制技术。评价任务研制并不容易，需要结合目标所需。对于素养导向的课程教学，需要把目标变为问题，并为之设计评价情境，这实质就是把目标问题化、情境化，而且还需要考虑学生是否熟悉，要结合学生的生活，即把目标生活化。

三是需要深入开发研讨评分规则。作为评价标准，评分规则非常关键，没有它就很难评价，目标也无法落实。实际上，不会设计评分规则，在一定程度上反映了教师还未完全把握学习目标，有时也反映了未准确把握学情。将来还需要为每个评价水平/等级配置相应的学生表现样例。

四是需要考虑评价与教学的整合。在设计评价过程中，较少考虑教学，尤其是评价和教学的关系。缺少这方面的考虑，很可能导致教学与评价的分离，不能实现二者的整合。而形成性评价恰恰需要把教学与评价融合起来，在这方面，还需要做更细致的考虑，只有这样，评价才能更好地发挥促进学习的作用，才能真正实现“教—学—评”一致性。

第六章 “分数的意义和性质”单元评价：并重单元测试与过程作业

本案例是课题组与山东省乐陵市阜盛小学合作项目《指向核心素养的课程统整研究》的成果。具体行文时，主要由邢蕾老师执笔，邵朝友博士进行整理。下面以邢蕾老师第一人称的身份叙述整个研究过程。

一、实施背景

随着我校课程改革不断深入，我对课堂评价的认识也发生了改变。课堂评价是一个收集、解释学生学习表现，确定学生目标达成情况，进而采取教学调整的行动，并以促进学生的学习为根本目的。所以在教学设计中，我根据教学目标设计出学习任务和相对应的评价规则，通过评价学生的学习过程来评价课堂教学的成败得失。基于这样的认识，我以“分数的意义和性质”这一单元为例尝试进行课堂评价的研究。

二、实施过程

总体上，主要做好以下四件事情：一是做好“单元课程纲要”和“课时教案”的设计。针对课时内容在课时教案中设计出针对目标的表现性任务，并针对任务设计出相对应的评分规则，然后为每个学习小组印发一份。二是在课堂上根据表现性任务完成情况，在小组内依据评分规则进行自评，展示小组的作品并接受其他非展示小组给予的评价。三是在课后对课堂布置的作业进行批改、反馈和辅导。四是对每单元进行小测，做出试卷分析并及时进行教学补救和调整。

具体实施时，我先设计了如下所示单元教学方案，为单元教学提供了大方向。

方案展示

“分数的意义和性质”单元教学方案

适用年级：五年级　课时：11课时

1.课标阐述及分析

本单元涉及的课程标准是：结合具体情境，了解小数和分数的意义，理解百分数的意义；会进行小数、分数和百分数的转化（不包括将循环小数化为分数）。

课标解读：本单元主要围绕了解分数的意义来学习，具体要求为：认识单位“1”；认识真分数、假分数和带分数；知道分数与除法的关系；能把假分数化成带分数和整数；掌握分数的基本性质及应用。

2.教材及学情分析

本单元内容是在三年级学生已经初步认识了分数、会比较简单的分数大小和做简单的分数加减法的基础上进行的。同时，本单元的学习内容还是今后学习分数四则运算和解决有关分数问题的基础。本单元的重点是分数的意义和分数的基本性质。难点是把许多物体看成一个整体和对单位“1”的理解。有了前面的学习，学生对分一个物体、计量单位已经比较清楚，但对分多个物体组成的一个整体不能清楚地表达。

3.单元目标、核心素养及学科核心素养

（1）单元目标

本单元大观念为分数的意义与性质，学生需要理解并应用分数的意义与性质，为此学生需要围绕主要问题“如何理解并应用分数的意义与性质”掌握如下知能：

①结合具体情境认识单位“1”，理解分数的意义，认识真分数、假分数和带分数。

②知道分数与除法的关系，能比较熟练地将假分数化成带分数或整数。

③理解和掌握分数的基本性质，并能运用这些性质解决简单的实际问题。

（2）核心素养与学科核心素养

①核心素养：学会学习。

②学科核心素养：数学抽象。

4.实施与评价

课时目标	课时主题	主要活动与评价设计
结合具体情境认识单位“1”，理解分数的意义，认识真分数、假分数和带分数。（3课时）	分数的意义	出示表现性任务一：①观察课本情境图1，并按照图中的信息利用准备好的学具把1块红色橡皮泥和4块黑色橡皮泥平均分给组内4人。操作时请讨论，是把什么看成一个整体来平均分的？组内每人分得这块/这些物品的几分之几？这两个结果所表示的含义一样吗？请讨论并把它描述出来。要求学生完成该任务，并对照评分规则进行自评，教师对学生完成任务过程进行点评 ②学生利用学具小组合作研究“把4张黄色纸平均分给2人，每人分得这些纸的几分之几？把6张绿色纸平均分给3人呢？”教师巡视并指导学生 出示表现性任务二：请根据分数的意义借助空白圆片涂出下列分数：$\frac{3}{4}$、$\frac{9}{4}$、$\frac{6}{6}$、$\frac{3}{2}$、$\frac{4}{5}$。涂完后和组内同学说一说你的发现，讨论一下，能否以此为分数分类？如何分类？教师对学生完成任务过程进行指导，学生依据评分规则进行自评
知道分数与除法的关系，能比较熟练地将假分数化成带分数或整数。（2课时）	分数与除法的关系	出示评价任务一：观察课本情境图2，请根据“小红做4幅粘贴画用了1m长的毛线”和“小兰做4幅粘贴画用了3个不同颜色的圆片”两条信息提出数学问题并列式解决，然后仔细观察算式和结果，并在小组内合作讨论一下分数与除法有什么关系。在解决问题时，同学们可以借助准备好的长纸条和圆片来分一分得到结果。学生依据评分规则进行自评，小组之间进行互评，教师提问与讲解 出示评价任务二：请试着把假分数$\frac{9}{4}$化成带分数，并和组内同学讲一讲你转化的方法。同学们可以利用画图的方法或分数与除法的关系进行转化。学生进行自评，小组之间进行互评，教师提问与讲解
理解和掌握分数的基本性质，并能运用分数的基本性质解决简单的实际问题。（3课时）	分数的基本性质	出示任务一：观察课本情境图3中的三块展板，分别写出每块展板的图片部分占整个版面的几分之几，并在小组内合作找一找这三个分数之间有怎样的关系。讨论时可以说一说你们是用什么方法找出来的，还可以举例验证一下这是否是一个规律。请试着把它描述出来，并根据这个规律，再写几个这样的分数 出示任务二：一个西瓜，姐姐吃了它的$\frac{1}{4}$，妹妹吃了它的$\frac{3}{8}$。谁吃得多？请说明理由 思考并在组内讨论“分数的基本性质与商不变的性质有什么联系”
注：单元测试与反馈（3课时）		

5.课程资源

五年级下册数学教材、多媒体课件、纸片等学具。

有了单元教学方案后，我开始尝试分析、反馈学生的学习信息，这是发挥课堂评价、促进学习的必不可少的行动。总体上，这些行动主要发生在课中、课后，以及单元测试。

在课中，我根据单元目标，在每个课时都设计了表现性任务及对应的评分规则，这样学生在具体实物操作过程中能认识分数性质、体会分数意义。如在课时“分数的意义”中，设计了两个表现性任务及其评分规则，其中一个表现性任务为：

请大家小组合作把1块红色橡皮泥和4块黑色橡皮泥平均分给组内4人。操作时请讨论，是把什么看成一个整体来平均分的？组内每人分得这块/这些物品的几分之几？这两个结果所表示的含义一样吗？请讨论并把它描述出来。

对应该表现性任务的评分规则为：

3分：能正确地均分橡皮泥；能积极讨论问题，并能正确流利地把结论描述出来。

2分：能正确地均分橡皮泥；能积极讨论问题，但不能正确流利地把结论描述出来。

1分：能正确地均分橡皮泥；但不能积极讨论问题，也不能正确流利地把结论描述出来。

针对学生完成任务的情况，每个小组根据评分规则进行组内自评或组间互评。这些自评、互评关注学生在学习过程中的点滴进步和变化，及时的反馈和评价能促使他们学会倾听、学会合作，激励他们更主动地参与学习。而在学生完成任务及自评或互评的过程中，教师进行观察，获得相关学习信息，然后确定要采取的指导措施。

在课后，主要根据课后作业进行分析，这样可以判断出学生对学习目标的掌握情况。本单元课后作业分为两种：一种是让学生说出自己学习时的困惑，另一种是书面检测作业。作业批改时，尽量向学生指出学习问题所在并提供建议。尤其是重视关于完成任务的过程性信息，如第几个环节或步骤有错误；关于促进学生自我反思的信息，如你的答案是“需要4.5个人”，请你思考生活中有“0.5”个人吗？图6.1展示了一份批改后的作业，它不仅反映了对与错的信息，还提供了促进学生反思的建议。

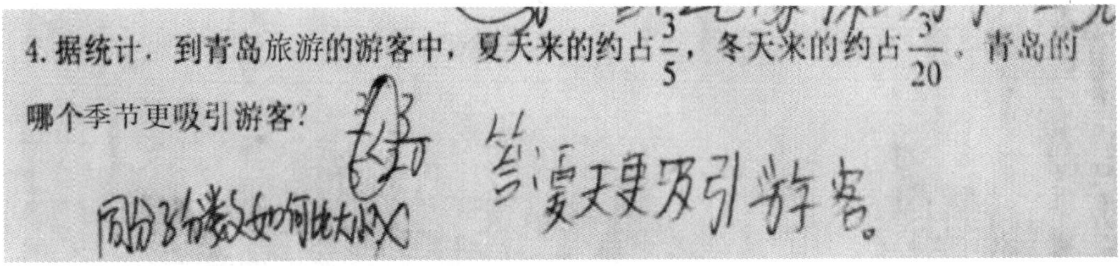
4. 据统计，到青岛旅游的游客中，夏天来的约占$\frac{3}{5}$，冬天来的约占$\frac{3}{20}$，青岛的哪个季节更吸引游客？

答：夏天更吸引游客。

图6.1　作业展示

为便于总体把握学生学习情况，我在每次批改完作业后还进行了整体分析。下面以教案“分数的意义”为例做简要说明，所呈现的内容由两大部分构成，分别为教学方案和相应的课后书面检测作业分析：

方案展示

“分数的意义”教学方案及课后作业分析

第一部分　“分数的意义”教案

适用年级：五年级　课时：3课时

1.目标确定的依据

（1）课程标准的相关要求：结合具体情境，了解小数和分数的意义，理解百分数的意义；会进行小数、分数和百分数的转化（不包括将循环小数化为分数）。本课时重点学习分数的意义。

（2）教材与学情分析：本课时内容是在学生已经初步认识了分数的基础上进行教学的，是学生系统学习分数的开始，是以后学习真分数和假分数、分数的基本性质、分数四则运算、分数的应用基础。学生已经初步认识了分数，并且知道把一个物体、一个计量单位平均分成若干份，取这样的一份或几份可以用分数来表示。本课时重点是让学生理解单位“1”的含义，从而概括出分数的意义。

2.确定学习目标

（1）结合具体情境认识单位“1”，理解分数的意义。

（2）初步认识真分数、假分数、带分数。

3.评价设计（包括表现性任务及其评分规则）

任务	等级		
	A（3分）	B（2分）	C（1分）
任务一：请大家小组合作把1块红色橡皮泥和4块黑色橡皮泥平均分给组内4人。操作时请讨论，是把什么看成一个整体来平均分的？组内每人分得这块/这些物品的几分之几？这两个结果所表示的含义一样吗？请讨论并把它描述出来	能正确地均分橡皮泥；积极讨论问题，并正确流利地把结论描述出来	能正确地均分橡皮泥；积极讨论问题，但不能正确流利地把结论描述出来	能正确地均分橡皮泥；但不能积极讨论问题，也不能正确流利地描述出结论
任务二：请根据分数的意义借助空白圆片涂出下列分数：$\frac{3}{4}$、$\frac{9}{4}$、$\frac{6}{6}$、$\frac{3}{2}$、$\frac{4}{5}$。涂完后和组内同学说一说你的发现，讨论一下，能否以此为分数分类，如何分类	能借助圆片涂出所有分数；仔细观察后能正确地说出自己的发现；能依据自己的发现为分数分类	能借助圆片涂出所有分数；观察后不能说出自己的发现；不能为分数分类	能借助圆片涂出部分分数；观察后不能说出自己的发现；不能为分数分类

4.教学过程

教学环节	教师活动	学习与评价活动
环节一	出示表现性任务一：（1）观察课本情境图1，并按照图中的信息利用准备好的学具把1块红色橡皮泥和4块黑色橡皮泥平均分给组内4人。操作时请讨论，是把什么看成一个整体来平均分的？组内每人分得这块/这些物品的几分之几？这两个结果所表示的含义一样吗？请讨论并把它描述出来。对学生完成任务过程进行指导	（1）学生仔细查看任务后小组合作完成操作，解决问题 （2）学生能依据评分规则对下述要求进行自评：正确操作；积极在组内讨论；把结论准确地描述出来

（续表）

教学环节	教师活动	学习与评价活动
环节一	（2）出示情境图2，提出问题：把4张黄色纸平均分给2人，每人分得这些纸的几分之几？把6张绿色纸平均分给3人呢？在学生完成任务过程中，教师巡视并指导学生	（3）学生根据解决任务（1）的经验，小组合作利用纸片摆一摆解决问题 （4）学生能积极主动合作讨论，找到结果$\frac{1}{2}$、$\frac{1}{3}$，说出两个分数的含义
	引导学生认识单位“1”、分数的意义和分数单位的概念	学生根据上面的操作活动理解单位“1”、分数的意义和分数单位
环节二	（1）出示表现性任务二：请根据分数的意义借助空白圆片涂出下列分数：$\frac{3}{4}$、$\frac{9}{4}$、$\frac{6}{6}$、$\frac{3}{2}$、$\frac{4}{5}$，涂完后和组内同学说一说你的发现，讨论一下，能否以此为分数分类，如何分类 （2）在学生完成任务过程中，引导学生初步认识真分数、假分数、带分数的含义及其读法	（1）学生利用准备好的圆片，组内合作操作，正确涂出所出示的5个分数，仔细观察后能为它们分类 （2）依据评分规则进行自评
环节三	布置作业：（1）出示预定作业单（2）通过提问方式要求学生思考并说出自己本节课不太懂的问题	学生自主完成作业，能独立、正确地完成练习并能说出自己的困惑

第二部分　课后作业分析

1.作业设计

（1）分一分，涂一涂

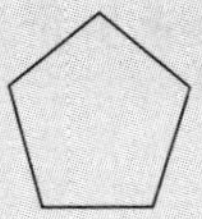

$\frac{1}{2}$

$\frac{3}{4}$

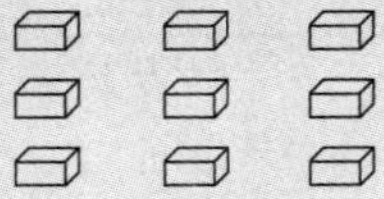

$\frac{2}{3}$

（2）填一填

①$\frac{5}{8}$里面有（　）个$\frac{1}{8}$；4个（　）是$\frac{4}{9}$；$\frac{7}{12}$里面有7个（　）。

②$\frac{2}{7}$表示把(　)平均分成(　)份，表示这样的(　)份的数。它的分数单位是(　)，它有(　)个这样的单位，再添(　)个这样的单位就是1。

③把20m长的绳子平均剪成4段，每段是全长的(　)，每段长(　)m。

④如果$\frac{b}{13}$是真分数，a最大是(　)；如果$\frac{b}{5}$是假分数，b最小是(　)。

⑤女生人数占全班人数的$\frac{4}{9}$，表示把(　)看作单位“1”，平均分成(　)份，(　)占其中的4份，那么男生人数占全班人数的(　)。

⑥$\frac{3}{4}$m既可以看成是1m的(　)，又可以看成是(　)m的(　)。

(3)用直线上的点表示下面的分数：$\frac{1}{6}$、$\frac{5}{6}$、$\frac{1}{3}$、$\frac{11}{3}$、$\frac{7}{6}$、$\frac{9}{6}$。

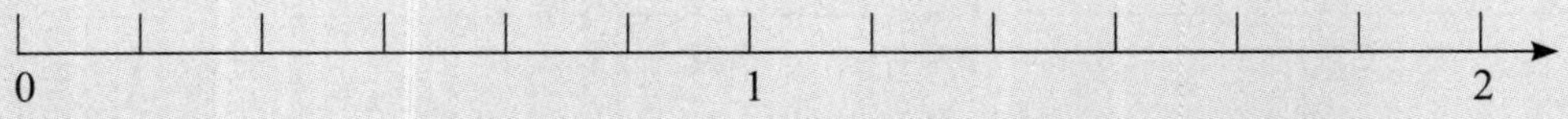

2.作业分析

题目序号	针对目标	情况分析	小结
(1)	目标1	都能根据图形平均分并涂出相应的分数	问题分析：学生大部分对分数意义能表述出来，但却未真正理解分数的意义。尤其是分数既可以表示数量，又可以表示部分与整体的关系，对于这两种含义学生未能真正区别 补救措施：用实物分一分和画线段图的方法重点讲解易错题型，让学生真正理解分数的意义
(2)①	目标1	都能正确找出分数单位	
(2)②	目标1	错误集中在前两个空，学生未真正理解分数的意义	
(2)③	目标1	出错学生较多，不理解分数可表示数量和关系的两种含义	
(2)④	目标2	都能区分真假分数	
(2)⑤	目标1	考查中有一位学生出错，不知把谁看成单位“1”	
(2)⑥	目标1	出错较多，不理解$\frac{3}{4}$m所表示的含义	
(3)	目标1、2	有一半同学不能在数轴上正确标出分数，对分数意义未真正理解	

在单元测试中，主要针对单元目标和学生所提到的易错点进行命题，包含填空、除法算式与分数的转化和应用题三种类型。测试结束后，我进行了试卷分析，并做出相关教学决策。这些行动分别反映在下文的三部分内容上。

“分数的意义和性质”单元试卷及其分析、教学补救计划

第一部分　单元试卷

班级：　　　　　姓名：

1.填一填

（1）$\frac{3}{5}$m可以说把3m平均分成（　）份，表示这样的（　）份，也可以说把1m平均分成（　）份，表示这样的（　）份。

（2）一盒巧克力共有15块，平均分给3个同学。每块巧克力是这盒巧克力的$\frac{(\quad)}{(\quad)}$，每人分得的巧克力是这盒巧克力的$\frac{(\quad)}{(\quad)}$。

（3）在$\frac{a}{12}$中，a是非零的自然数，当a（　）时，$\frac{a}{12}$是真分数；当a（　）时，$\frac{a}{12}$是假分数；当a（　）时，$\frac{a}{12}$能化成整数。

（4）在括号里填上适当的分数。

7dm =（　）m　　53kg =（　）t

19分 =（　）时　　17时 =（　）日

（5）$\frac{(\quad)}{20}=\frac{12}{(\quad)}=\frac{2}{5}=\frac{(\quad)}{35}=\frac{30}{(\quad)}$　　　$\frac{(\quad)}{14}=3\div7=\frac{12}{(\quad)}$

（6）$\frac{3}{8}$的分子加上9，要使分数大小不变，分母应加上（　）。

2.用分数表示下面各式的商，能化成带分数的要化成带分数

9 ÷ 29=　　23 ÷ 4=　　8 ÷ 17=　　48 ÷ 7=　　121 ÷ 11=

3.解决问题

（1）一个重5kg的西瓜分给6个人吃，平均每人吃这个西瓜的几分之几？平均每人吃多少kg?

（2）小明把一块蛋糕平均分成3块，吃了其中的1块，丽丽把一块同样大的蛋糕平均分成12块，吃了其中的3块，两人谁吃的多？

（3）五年级（5）班有男生21人，女生19人，男生人数是女生人数的几分之几？女生人数是全班人数的几分之几？

（4）有两篮鸡蛋都是35个，如果从甲篮取出5个放到乙篮里，这时甲篮的鸡蛋是乙篮的几分之几？

第二部分　单元测试分析

题目序号	针对的目标	正确率（%）	典型错误
1.（1）	目标1	20	$\frac{3}{5}$m可以说把1m平均分成（3）份，表示这样的（5）份
1.（2）	目标1	33	15块巧克力平均分给3个同学，每块巧克力是这盒巧克力的（$\frac{1}{15}$），每人分得的巧克力是这盒巧克力的（$\frac{3}{15}$）
1.（3）	目标1	10	$\frac{a}{12}$中，当a（大于12）时，$\frac{a}{12}$是假分数；当a（等于12）时，$\frac{a}{12}$能化成整数
1.（4）	目标2	50	53kg=（$\frac{53}{10000}$）t，19分=（$\frac{19}{24}$）时
1.（5）	目标3	68	$\frac{72}{20}=\frac{12}{4}=\frac{2}{5}=\frac{30}{70}$
1.（6）	目标3	83	分母应加上（3）
2.	目标2	50	$8\div17=\frac{21}{8}$，$48\div7=\frac{48}{7}$
3.（1）	目标1	5	平均每人吃多少kg？“$6\div5=\frac{5}{6}$”
3.（2）	目标1	90	学生加上了单位，如：$3\div12=\frac{3}{12}$（块）
3.（3）	目标1	66	女生人数是全班的人数的几分之几 $40\div19=\frac{40}{19}$
3.（4）	目标1	78	$35\div40=\frac{35}{40}$。没注意到甲篮鸡蛋应是35−5=30（个）

第三部分　单元补救计划

补救时间	补救内容	针对目标	补救效果
3月15日	理解分数既可以表示数量，也可以表示部分与整体的关系，如$\frac{3}{4}$m的含义。 一个数占另一个数几分之几的问题	结合具体情境认识单位“1”，理解分数的意义	针对易错的这两种题型，让学生通过对实物进行具体分一分的操作，大部分真正理解了单位“1”和分数的意义

（续表）

补救时间	补救内容	针对目标	补救效果
3月16日	将除法算式与分数互化的练习 把假分数化成带分数或整数的练习	知道分数与除法的关系，能比较熟练地将假分数化成带分数或整数	通过多次讲解和专项题型的练习，学生基本了解了分数与除法的关系，掌握了假分数化为带分数或整数的方法
3月17日	根据分数基本性质写出相等分数的练习。 根据分数分子或分母增大、缩小的变化，要使分数大小不变，分数分母或分子该如何变化的问题	理解和掌握分数的基本性质，并能运用分数的基本性质解决简单的实际问题	大部分学生通过专项题型练习能理解并运用分数的基本性质解决问题，出错率大大降低

三、行动反思

在以往的课堂评价中，我只注重对学生学习结果的评价，没有注重学生的学习过程。这次所做的评价有学生自评、学生互评、师生共评，改变了学习的评价方式，实现了评价的多元化。通过本次教学实践，我认为课堂评价起到了以下作用：

第一，发挥了评价的导向与指挥的作用。课堂评价具有导向性与指挥性，通过评分规则的引导，指明了教师的教与学生的学所要达到的目标和程度。

第二，促进教师教学与学生学习的作用。通过学生自评、学生互评、师生共评，学生可以看到自己的成绩与不足，找到成功或失败的原因。通过课堂评价进行信息反馈，师生都可获得较为准确的反馈信息，以利于判断自己教与学的过程是否有效。对于做得好的地方要强化，对于缺点和不足要修正。课堂教与学双边活动不断完善、改进与提高，调动了教与学双方的积极性，促进了师生共同发展。

当然，在这次评价实施的过程中还存在不足之处。例如，虽然我设计了单元层面的主要问题，并在一些课时教学中，我也尝试探索问题解决的学习方式，但总体上对各课时问题之间的关系还缺乏思考；在单元测试方面，我只用了单一的纸笔测试的方式进行检测，其实还可以考虑设计一个综合性的表现性任务让学生去实践完成，加深对本单元知识的理解和运用，效果会更好一些；在自评、互评的过程中学生还没养成良好的评价习惯，在这方面应多注意培养，使课堂评价能运用得更加灵活和有效。

四、研究成效

该案例思路清晰，在促进学习的目的引导下，先研制出单元课程纲要。这个纲要为本单元教学与评价提供了大方向：不仅要落实有关分数的知识技能目标，还要达成与数学相关的学科核心素养以及学生核心素养。这很好地梳理了目标之间的关系，从而为后续教学设计与评价打下了良好基础。从具体操作看，该案例比较全面地开展了收集学生学习信息、分析诊断、提供反馈、调整教与学等行动。另外，这个案例发挥了课题研究成果的辐射作用，提高了学校课程整合组的业务水平，对本校其他教师也有一定的指导和借鉴作用。

五、附件：单元其他教案及其课后作业分析

方案展示

“分数与除法的关系”教学方案及其课后作业分析

第一部分　教学方案

适用年级：五年级　课时：2课时

1.目标确定的依据

（1）课程标准的相关要求：结合具体情境，了解小数和分数的意义，理解百分数的意义；会进行小数、分数和百分数的转化（不包括将循环小数化为分数）。本课时重点学习分数与除法的关系。

（2）教材与学情分析：本课时是在学生学习了整数除法和分数的意义的基础上学习的。也是下面进一步学习分数与小数的互化、分数的大小比较、分数的基本性质，以及求一个数是另一个数的几分之几等知识的基础。重点是让学生根据所列除法算式及所得结果发现分数与除法的关系。

2.确定学习目标

（1）通过解决具体问题，理解和掌握分数与除法的关系，知道可以用分数表示两个数相除的商。

（2）能比较熟练地将假分数化成带分数或整数。

3.评价设计（包括表现性任务及其评分规则）

任务	等级		
	A（3分）	B（2分）	C（1分）
任务一：观察课本情境图2，请根据“小红做4幅粘贴画用了1m长的毛线”和“小兰做4幅粘贴画用了3个不同颜色的圆片”两条信息提出数学问题并列式解决。在解决问题时，同学们可借助准备好的纸条和圆片来分一分得到结果。仔细观察算式和结果，并在小组内合作讨论一下分数与除法有什么关系	能根据数学信息提出数学问题并列出算式；能借助纸条和圆片的操作得到问题的结果；能根据所列算式和所得结果讨论出分数与除法的关系	能根据数学信息提出数学问题并列出算式；能借助纸条和圆片的操作得到问题的结果；不能根据所列算式和所得结果确定分数与除法的关系	能根据数学信息提出数学问题并列出算式；不能借助纸条和圆片的操作得到问题的结果，也不能根据所列算式和所得结果确定分数与除法的关系
任务二：请试着把假分数$\frac{9}{4}$化成带分数，并和组内同学说出你转化的方法。你可以利用画图的方法或分数与除法的关系进行转化	能利用画图法、分数与除法的关系把假分数化成带分数；能正确流利地总结转化的方法	能利用画图法或分数与除法的关系把假分数化成带分数；能正确地说出转化的方法	能利用画图法或分数与除法的关系把假分数化成带分数；不能正确地说出转化的方法

4.教学过程

教学环节	教师活动	学习与评价活动
环节一	（1）出示评价任务一：请根据“小红做4幅粘贴画用了1m长的毛线”和“小兰做4幅粘贴画用了3个不同颜色的圆片”两条信息提出数学问题并列式解决，然后仔细观察算式和结果，并在小组内合作讨论一下分数与除法有什么关系。在解决问题时，同学们可以借助准备好的长纸条和圆片来分一分得到结果 （2）观察学生完成任务，并加以指导 （3）老师组织学生在班内展示任务一的结果	（1）学生仔细查看任务，提出问题“平均每幅画用多少米毛线？”和“平均每幅画用了多少个圆片？”小组内讨论合作完成任务一 （2）学生借助评分规则开展小组间互评，互评应关注：根据数学信息提出数学问题并列出算式；能借助纸条和圆片进行操作得到问题的结果；能根据所列算式和得到的结果讨论出分数与除法的关系

（续表）

教学环节	教师活动	学习与评价活动
环节二	（1）出示评价任务二：请试着把假分数$\frac{9}{4}$化成带分数，并和组内同学说出你转化的方法。你可以利用画图的方法或分数与除法的关系进行转化 （2）老师组织学生在班内展示任务二的结果	（1）学生仔细查看任务，运用一种或两种方法进行转化，并总结出转化的方法 （2）学生展示、汇报任务二的结果
环节三	布置作业：（1）出示预定作业单 （2）通过提问方式要求学生思考并说出自己本节课不太懂的问题	学生自主完成作业，能独立、正确地完成练习并能说出自己的困惑

第二部分　课后作业分析

1.作业设计

（1）填空题

①把一条1m长的彩绳平均分成3份，每份长$\frac{(\quad)}{(\quad)}$m。

②把两条1m长的彩绳平均分成3份，每份是（　）个$\frac{1}{(\quad)}$m，是$\frac{(\quad)}{(\quad)}$m。

（2）在括号里填上合适的数

$3\div5=\frac{(\quad)}{(\quad)}$　　　$7\div8=\frac{(\quad)}{(\quad)}$　　　$\frac{12}{7}=(\quad)\div(\quad)$

$\frac{2}{(\quad)}=(\quad)\div9$　　　$4\div(\quad)=\frac{(\quad)}{(\quad)}$　　　$(\quad)\div(\quad)=\frac{(\quad)}{(\quad)}$

（3）在括号里填上合适的分数

①一个正方形的周长是3dm，它的边长是（　）dm。

②小华15分钟走2km，他平均每分钟走（　）km。

③把3m长的铁丝平均截成7段，每段长（　）m。

（4）下面的假分数中，哪些能化成整数？哪些能化成带分数？

$\frac{7}{7}$、$\frac{4}{3}$、$\frac{13}{4}$、$\frac{10}{5}$、$\frac{6}{2}$、$\frac{17}{8}$、$\frac{11}{6}$、$\frac{14}{9}$

能化成整数的有：

能化成带分数的有：

（5）用分数表示各题的商，能化成带分数的要化成带分数

2 ÷ 3=　　5 ÷ 8=　　6 ÷ 13=　　8 ÷ 11=

9 ÷ 8=　　11 ÷ 3=　　30 ÷ 19=　　113 ÷ 24=

2.作业分析

题目序号	针对目标	情况分析	小结
（1）	目标1	易错处在后两个空，学生对“多个物体”组成的单位“1”平均分理解不深刻	问题分析：学生知道把1米彩绳平均分成3份每份的长度，当把2条1米长的彩绳看作单位“1”平均分时，学生便分不清每份的长度了。这说明学生对单位“1”表示多个物体组成的整体理解欠缺。其实本题目也可以根据分数与除法的关系来解决，也说明学生对这个关系的应用还未真正掌握。学生出现假分数转化成带分数的错误，说明学生对转化的方法掌握的还不熟练 补救措施：要用画图的方法让学生理解单位“1”及分数的意义。根据分数与除法的关系讲清楚假分数转化成带分数的方法，让学生在理解的基础上继续练习
（2）	目标1	情况良好	
（3）	目标1	情况良好	
（4）	目标2	情况良好	
（5）	目标1、2	情况良好	

“分数的基本性质”教学方案及课后作业分析

第一部分　教学方案

适用年级：五年级　课时：2课时

1.目标确定的依据

（1）课程标准的相关要求：结合具体情境，了解小数和分数的意义，理解百分数的意义；会进行小数、分数和百分数的转化（不包括将循环小数化为分数）。本课时重点学习分数的基本性质。

（2）教材与学情分析：本课时内容与整数除法的商不变性质有着内在的联系，也是后面进一步学习分数的计算、比的基本性质的基础，还是约分、通分的依据。学生已经清楚理解分数的意义，明确分数与除法的关系，掌握商不变的性质等知识，这些都为本节课学习做了知识上的铺垫。分数的基本性质是一种规律性知识，分数

的分子、分母变了，分数的大小却没变。学生在这种“变”与“不变”中发现规律，掌握新知识。

2.确定学习目标

(1)理解和掌握分数的基本性质。

(2)能运用分数的基本性质解决简单的实际问题。

3.评价设计(包括表现性任务及其评分规则)

任务	等级		
	A(3分)	B(2分)	C(1分)
任务一：观察课本情境图3中的三块展板，分别写出每块展板的图片部分占整个版面的几分之几，并在小组内合作找一找这三个分数之间有怎样的关系。讨论时可以说一说你们是用什么方法找出来的，还可以举例验证一下这是否是一个规律？请试着把它描述出来，并根据这个规律，再写几个这样的分数	能根据情境图自己独立地写出三个分数；能用合适的方法发现三个分数的关系；能在组内讨论验证出规律并用自己的语言描述出来；能根据规律正确地写出几个这样的分数	能根据情境图自己独立地写出三个分数；能用合适的方法发现三个分数的关系；不能在组内讨论验证出规律并用自己的语言描述出来；不能根据规律正确地写出几个这样的分数	能根据情境图自己独立地写出三个分数；不能用合适的方法发现三个分数的关系；不能在组内讨论验证出规律并用自己的语言描述出来；不能根据规律正确地写出几个这样的分数
任务二：一个西瓜，姐姐吃了它的$\frac{1}{4}$，妹妹吃了它的$\frac{3}{8}$。谁吃得多？请说明理由	选择合适方法解决问题并正确、流利地说出理由	选择合适方法解决问题，但不能正确、流利地说出理由	不能选择合适的方法解决问题

4.教学过程

教学环节	教师活动	学习与评价活动
环节一	(1)出示任务一：观察课本情境图3中的三块展板，分别写出每块展板的图片部分占整个版面的几分之几，并在小组内合作找一找这三个分数之间有怎样的关系。讨论时可以说一说你们是用什么方法找出的？还可以举例验证一下这是否是一个规律？请试着把它描述出来，并根据这个规律，再写几个这样的分数 (2)教师观察并就典型的问题进行全体点拨	学生仔细查看任务，然后在组内讨论合作完成任务一。完成任务后，学生能依据评分规则进行自评，找出三个分数，能发现规律并进行交流；能讨论总结出分数的基本性质；能根据规律独立写出几个相等的分数
环节二	出示任务二：一个西瓜，姐姐吃了它的$\frac{1}{4}$，妹妹吃了它的$\frac{3}{8}$。谁吃得多？请说明理由	(1)学生仔细思考题目，然后在组内讨论合作完成任务二，并能依据评分规则判断自己是否达到要求 (2)选择合适的方法解决问题，并正确、流利地说出理由
环节三	复习商不变的性质，引导学生想一想分数的基本性质与商不变的性质之间有什么联系	通过小组讨论，学生能发现分数的基本性质与商不变的性质本质上相同
	布置作业：(1)出示预定作业单(2)通过提问方式要求学生思考并说出自己本节课不太懂的问题	学生自主完成作业，能独立、正确地完成练习并能说出自己的困惑

第二部分　课后作业分析

1.作业设计

（1）填一填

$\frac{1}{4}=\frac{(\ )}{8}$　　$\frac{4}{(\ )}=\frac{48}{60}$　　$\frac{35}{49}=\frac{5}{(\ )}$

$\frac{6}{8}=\frac{(\ )}{16}=\frac{3}{(\ )}=\frac{(\ )}{12}$　　$\frac{24}{30}=\frac{8}{(\ )}=\frac{(\ )}{5}=\frac{16}{(\ )}$

（2）把下面的分数化成大小不变、分母是9的分数

$\frac{2}{3}$　$\frac{8}{18}$　$\frac{20}{36}$　$\frac{12}{54}$　$\frac{80}{90}$

（3）动物的毛色遗传于它们的父母。平均每30只小猫中，有5只毛色像它们的父亲，其余的像它们的母亲。毛色像母亲的小猫占几分之几？

（4）据统计，到青岛旅游的游客中夏天来的约占$\frac{3}{5}$，冬天来的约占$\frac{3}{20}$。青岛的哪个季节更吸引游客？

（5）盐水中有3g盐和100g水，如果再加2g盐，那么盐占盐水的几分之几？

2.作业分析

题目序号	针对目标	情况分析	小结
（1）	目标1	对于一组有多个分数相等的题目，学生容易找不到用来作为标准的参考分数，理解不了分子和分母的变化情况而出错	问题分析：从作业情况来看，学生大部分对分数的基本性质的掌握还可以，但是对于“一个数占另一个数的几分之几”类型的题目部分学生未掌握方法 补救措施：继续讲清楚分数基本性质的含义及找大小相同分数的方法，让学生多加练习
（2）	目标1	情况良好	
（3）	目标2	少数学生分不清哪个数是除数或被除数	
（4）	目标1	情况良好	
（5）	目标2	少数学生分不清哪个数是除数或被除数	

第七章 “物体运动状态改变”单元评价：以学习目标系列化为载体

本案例以高中物理学习主题“物体运动状态改变”为例，展开单元层面的评价。在总体思路上，它与第五、六章基本一致，但有所不同的是，本章特别强调学习目标的系列化。这种系列化的学习目标可称之为学习进程，本章试图以此来探索开展指向核心素养的形成性评价的一种可能路径。相比本书其他章节案例研究，本章更为深入课堂现场，挖掘研究对象的所思所想，以此来了解学习进程对于指向核心素养的形成性评价的作用。在具体研究内容上，本章主要就学习进程在教学中的应用展开研究，并不涉及单元层面的测验。依据案例开发的一般环节，下面从案例开发设计、开发过程、研究发现三大方面阐述该研究。

一、开发设计

（一）明晰案例开发目的

本案例的实施基础为学习进程，学习进程分为专家版与教师版，前者以专家为研究主体，通过极其严密的科学研究而得，后者以教师为研究主体，基于实际课堂教学需要研制而得。本文主要采取教师版学习进程，图7.1显示了它在教学中应用的一个例子，其中最终“学习目标”的习得必须先获得目标知识Z（需要5课时落实），而要获得目标知识Z则需要获得目标知识Y（需要4课时落实），而要获得目标知识Y则需要获得目标知识X（需要3课时落实）。

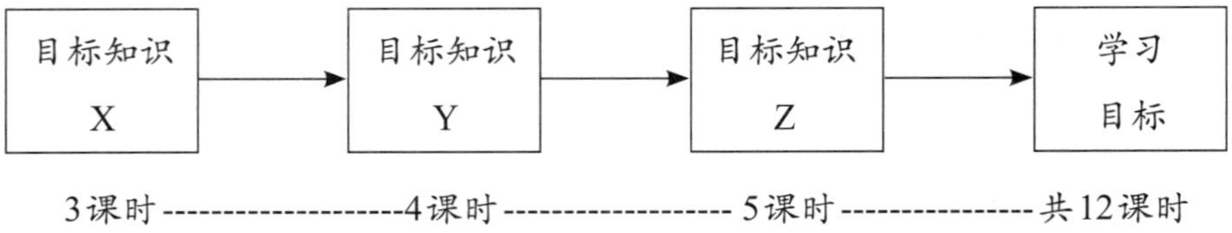

图7.1　带有课时安排的教师版学习进程

相关考察表明，学习进程对于形成性评价的推广具有如下重大价值。

第一，有助于推动教学、评价、标准的一致。若要使形成性评价与课堂教学相互一致，一个必要条件是，它们都必须具备共同基础。如果它们都以学习进程为依据，那么它们之间的联结就具备共同基础。而学习进程来自课程标准，因此基于学习进程的形成性评价有助于教学、评价、标准的一致。

第二，有助于促进评价设计与分析。确定学生当前水平与学习目标的差距，必须通过学习信息的收集与分析。学习信息的收集与分析就是设计评价任务、分析评价结果。设计评价任务要求教师不仅对学生已掌握的知识和技能有具体了解，而且对学生的认知能力构成及其发展规律有清晰认识。分析评价结果要求教师根据学生在实际问题情境中的表现，寻找事实性证据，检测由评价任务激发出来的学生行为是否与评价目标相一致，确定学生当前水平与学习目标的差距。学习进程显然能促进形成性评价设计与分析的开展。

第三，有助于走出教学调整困境。确定了学生当前水平与学习目标的差距，教师与学生未必能轻易进行教与学的调整。有研究表明，由于教师不清楚后续教学系列，即便获取了当前学生学习信息，还是不能很好地开展后续改进计划。这种行动能力的不足同样影响教师向学生提供学习反馈或学习指导，从而影响学生学习策略的调整。在这一点上，学习进程恰好能弥补教师这种能力的不足，为他们提供系列学习内容。

正是基于学习进程如此重要的作用，本案例引入学习进程，并把它应用于形成性评价实施程序，即在“确定学习目标”部分把目标设计为具有先后顺序的学习系列。具体展示时，本研究所针对的问题可分为两个方面：一是探索教师、学生对物体运动状态改变学习进程形成性评价用于支持教学、学习的看法；二是探索基于物体运动状态改变学习进程开展形成性评价所需的支持条件。

（二）进行主题选择与样本确定

“物体运动状态改变”是本案例开发主题，它是物理学科一个基础概念，包含非常丰富的信息，是运动学与力学的一个核心话题，也是它们之间发生联系的重要桥梁。从实际情况看，该概念可与物理的学科核心素养“物理观念”匹配，进而可在教学中用之于落实中国学生发展核心素养中的“科学精神”“实践创新”。

就概念本身来说，运动状态反映的是物体的运动速度，运动状态改变指物体的运动速度改变，一般可表示为$\Delta v=v_2-v_1$，Δv称为速度变化量或速度改变量。由于速度是矢量，因此，速度大小变化、方向变化，或者大小与方向一起变化，都是速度变化的表现。运动状态改变可以分为四部分：第一部分，运动状态改变基本内涵；第二部分，如何描述运动状态改变；第三部分，运动状态改变的原因是什么，又有何规律；第四部分，怎样用运动状态改变来联结运动的描述与原因。之所以选择物体运动状态改变，主要基于如下四个原因：第一，课题组负责人的本科专业是物理教学论，有九年的高中物理教学经验，因此选择了一个相对容易把握的主题；第二，该主题是高中物理课程的重要内容；第三，该主题涉及高中物理课程的基本研究方法与思路；第四，对于刚进入高中的学生，该主题是学习难点。

（三）进行人员组织与数据收集

课题组邀请了教师M（尊重该教师匿名诉求），下面对他的背景信息做更详细说明。

教师M：教龄14年，中学高级教师、特级教师候选人，任所在学校教务主任。在日常工作中能很好地融合新课程理念于教学实践，深受学生喜欢。目前已发表教学论文7篇，其中有3篇涉及课堂评价。

该教师非常乐意尝试开展基于学习进程的形成性评价。在正式进入课堂之前，课题组与教师M一起讨论、学习了有关学习进程的概念，以及它对于形成性评价的价值。

本案例研究问题可从两方面来回答：一是教师基于物体运动状态改变学习进程，开展指向核心素养的形成性评价的实际做法；二是教师对物体运动状态改变学习进程用于支持教学的看法。第一个问题用实际行为来说明学习进程如何应用于形成性评价，第二个问题是第一个问题的衍生。限于时间和精力，第一个问题主要通过抽样方式来取证，抽样内容为“通过加速度分析物体受力情况”。为此，课题组特地规划从以下两个方面来收集数据：一是通过访谈，了解教师对物体运动状态改变学习进程用于支持教学的看法；二是先通过现场课堂观察与课后作业反馈，了解教师如何依据学习进程来推论、解释学生表现，然后再访谈教师，以核对由观察内容所得到的分析与教师真正想法是否一致。为确保数据的有效性，每次访谈记录或其他记录完成后，课题组将再次咨询相关当事人，复核资料的真实性与全面性。当然，除了现场观察、事后访谈，一些非正式的交流也是获取多方信息的途径。

二、案例开发过程

案例开发始于2018年3月10日，终止于2018年5月7日。开发过程遵照学习进程的形成性评价程序，但实际操作中，解释学生表现与学习反馈通常联系特别紧密，尤其是本研究部分数据涉及现场教学，解释学生表现与学习反馈比邻发生，分开叙写也不便阅读，而且它与课外作业的解释与反馈一起推动了教与学的调整，因此下文把这两个环节加以统整。最后，教师M还阐述了自己对把物体运动状态改变学习进程用于支持教学的看法。

（一）研制物体运动状态改变的学习进程

学习进程研制是案例研究的起点，为了更好地研制出物体运动状态改变的学习进程，2018年3月10日，笔者和教师M召开了第一次研讨会，重点确定了以下三项工作：

第一，交流本研究目标和总体思路，探讨并明晰相关概念。为了让教师M更快更好地理解学习进程和形成性评价，会议前一周，笔者已转交有关学习进程、形成性评价、基于学习进程的形成性评价实施程序的相关材料。

第二，商量研究数据收集方式，征询被观察对象的同意。本研究将访谈被观察教师对学习进程用于支持教学的看法，需要应用录像方式记录教师课堂表现或者观察课后作业反馈，并于事后访谈教师实施这些行为时的想法，以便验证课堂表现与课后作业反馈的分析是否与访谈的想法一致。以上行为需要征得教师与学生的同意。数据采集过程包括三次访谈、一次课堂现场观察、一次课后作业分析。

第三，基于研制步骤，研制出表7.1的物体运动状态改变学习进程。这四个步骤分别为明确终点学习目标、具体化学习单元、基于学习单元设置评价任务、系列化学习活动。

表7.1　学习进程及课时、正式评价安排

学习单元安排	学习目标	课时安排	正式评价安排
加速度的综合应用	能综合应用加速度、合力、速度等物理量的关系，利用相关信息进行问题解决	4课时	形成性测验（2课时）+嵌入式评价+家庭作业
↑ 通过加速度分析受力情况	通过加速度，求出物体受到的合力，再求出分力；或通过加速度，求出物体受到的分力，再求出合力	1课时	嵌入式评价+家庭作业
↑ 通过加速度分析运动情况	通过加速度，求出物体运动量；或通过加速度，求出物体分运动量，再求出合运动量。学生常见错误是：运用牛顿第二定律时不清楚运动过程，尤其是相对运动时摩擦力变化情况；混淆合力与分力，以为分力或合力是实际存在的	1课时	嵌入式评价+家庭作业
↑ 速度均匀变化的定量原因	理解物体质量一定时，其加速度与所受合力成正比；不同物体所受合力一定时，其加速度与质量成反比，区别出它与比值定义的差异。理解加速度方向与合力方向一致，它们之间的存在具有同时性	4课时	嵌入式评价+家庭作业
↑ 速度均匀变化的运动描述	能用比值定义求出加速度，知道它是匀变速直线运动的特征；能运用$v_t=v_0+at$，$s=v_0t+\frac{1}{2}at^2$，$v_t^2-v_0^2=2as$等基本公式解决问题	4课时	嵌入式评价+实验方案设计+家庭作业
↑ 物体惯性与运动状态	知道惯性是物体的固有属性，质量越大，惯性越大；知道物体运动状态可由速度改变来描述	2课时	诊断性测验+嵌入式评价+家庭作业

为了让学生更有条件参与形成性评价，研发组决定为每个学习单元开发四等级分项评价规则。表7.2是“通过加速度分析受力情况”的分项等级评价规则。

表7.2 “通过加速度分析受力情况”的分项等级评价规则

要素	等级			
	优秀	良好	通过	不足
求解合力	能依据实际情况灵活地应用直角分解方法求合力或相互垂直的两个分力；理解相对运动中摩擦力的变化特征	能正确应用直角分解方法求合力或相互垂直的分力，理解相对运动中摩擦力的变化特征	能应用直角分解方法求合力或相互垂直的分力，但对相对运动中的摩擦力变化特征的理解有待改进	不能正确利用正交分解求合力或分力，或不能结合实际情况应用平行四边形法则或错误地理解合力或分力是实际存在的
求解运动量	能灵活确定一种坐标系，选择合适计算公式求解运动量或分运动量	能确定一种坐标系，选择合适公式求解运动量或分运动量	能选择合适公式求解运动量或分运动量，但不知道需先确定坐标系	不能确定坐标系，或确定出坐标系后不能选择合适公式求解合运动量或分运动量

在设置等级评价规则过程中，课题组对于相关内容存有争议，究其原因是对学习目标的认识还存在一定的差异。因此课题组决定为每个学习单元配置相关评价任务，这样各成员能更好地达成共识，这些评价任务大多用于课堂嵌入式评价。下面节选了“通过加速度分析受力情况”的三个例子。

例1：一辆质量为1.0×10^3 kg的汽车，经过10s由静止加速到速度为108 km/h。求：

（1）汽车受到的合力大小。

（2）设汽车受到的阻力为6.0×10^3 N，求汽车受到的牵引力大小。

例2：一个滑雪的人，质量$m=75$ kg，以v_0=2 m/s的初速度沿山坡匀加速滑下，山坡的倾角$\theta=30°$，在$t=5$ s的时间内滑下的路程$x=60$ m，取g =10 m/s，求滑雪人受到的阻力（包括摩擦力

和空气阻力)。

例3：图甲为应用于机场和火车站的安全检查仪，用于对旅客的行李进行安全检查。其传送装置可简化为如图乙模型，紧绷的传送带始终保持v =1 m/s的恒定速率运行。旅客把行李无初速度地放在A处，设行李与传送带之间的动摩擦因数μ =0.1，A、B间的距离为2 m，行李质量为5 kg，取g =10 m/s^2。求行李运动到B端点过程受到的合力。

甲

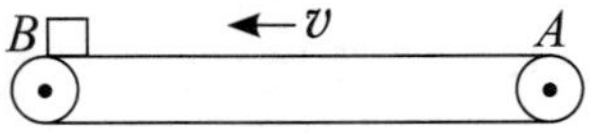

乙

(二)基于物体运动状态改变学习进程的解释与反馈

教师M根据学习进程解释学生在课堂中的即时表现和课堂后的表现。下述节选两部分内容。

一是课堂现场解释与反馈：本次观察做了全程录像，观察时间为2018年3月15日，时长为40分钟。经过课后整理，结合本节课的作业反馈观察，笔者于2018年3月17日对教师M做了访谈。为便于记录，用M表示上课教师M，S代表学生，Q代表本笔者，见表7.3、表7.4。

表7.3　教师M与学生的课堂对话及访谈

对话内容	访谈行为目的
M：同学们，上节课我们学习了如何运用牛顿第二定律来解决物体运动问题，谁能说说它的解题思路 S1：分析物体的受力情况，运用牛顿第二定律$F=ma$，求出加速度，然后代入运动学公式，求出物体的运动情况。这里“桥梁”是加速度 M：非常好！请大家思考一下，如果是已知运动情况求物体受力情况，解题思路该怎么样	Q：你为什么提出这个问题 M：通过对比凸显本节课目标
S2：那就反过来做吧 M：看起来是这样的。我们一起做个题目试试。(出示上文例1，学生独自解题，一学生板演)	Q：你为何叫该生板演 M：他代表大多数学生的学习水平

（续表）

对话内容	访谈行为目的
M：哪位同学来说说他的解题思路以及建议 S3：该思路是，先分析运动情况，代入运动学公式，计算出加速度，再运用牛顿第二定律，求出受力情况。我觉得最好画出受力分析图，并规定正方向	Q：为什么这样提问 M：引导学生思考，开展同伴评价
M：总结得很到位，这种思路和上节课思路刚好相反（教师画出思路图，并补充板演学生遗漏之处，相关板书见表7.4）。下面我们来完成例题2。（独立解题）	Q：为何要画出思路图并补充正方向 M：补充图是为了时刻提醒学生，正方向是针对学生没养成作图习惯
M：这个题目是已知运动情况求受力情况，应该注意三个问题：一是总体解题思路；二是画出适当坐标系，使运动正好沿着一个坐标轴的方向；三是分析人的受力情况。它受到几个力，是什么方向，哪些是已知，哪些是未知？（教师展示投影，要求学生对照表7.2依据上述三个问题开展自评）	Q：为什么强调这三点 M：依据经验，这是学生经常犯错的地方，而且也是重点，同时也是学生自我检查的依据
S4：我把坐标系方向沿山坡向上为正了，忘记把力的方向调整过来 S5：我好像把两个分力当作实际的力了…… M：两位同学说出了典型问题，我们一般要选择平行与垂直运动方向建立坐标轴，这样做的好处是，垂直方向因为没有位移合力为零，便于计算，另外一般选择运动方向为正方向。合力与分力是等效结果，实际并不存在，因为找不到施力物体或受力物体。我们最后再解一个题目。（展示例题3，两位学生板演，请学生点评）	Q：为何强调这两点 M：这是他们不理解的原因，也是许多学生不理解的地方，而且和解题紧密相关，需要加强
S6：第一种做法明显错误，第二种做法缺乏细节说明 M：能不能具体说说错在什么地方 S6：第一种做法没有考虑行李的运动过程，以为它一直受到摩擦力。第二种做法没有考虑传输带是不是足够长，能够保证行李有充分时间增加速度，直到等于传输带速度 M：你有什么建议 S6：我建议第一种做法先考虑受力分析，特别是摩擦力的存在条件，然后描述出整个运动情况；建议第二种做法，要仔细计算行李速度增大到1 m/s过程运动的距离，比较它与传输带长度的大小	Q：这样问目的是什么？为何要学生建议 M：引导学生自主发现问题、解决问题，借助一个同学的回答帮助班级其他同学理解学习内容

（续表）

对话内容	访谈行为目的
M：其他同学对他的看法有意见吗？是否有补充建议 S7：我补充一个建议，第一种解法还需要规定一个坐标正方向 （下课铃声） M：好，下节课我们继续讨论，希望大家回去完成两个题目。（分发作业单）	Q：为什么还要其他同学补充 M：难道课堂不是一个讨论、开放的地方吗

表7.4　三次黑板板书

板书1	
黑板左边	黑板右边
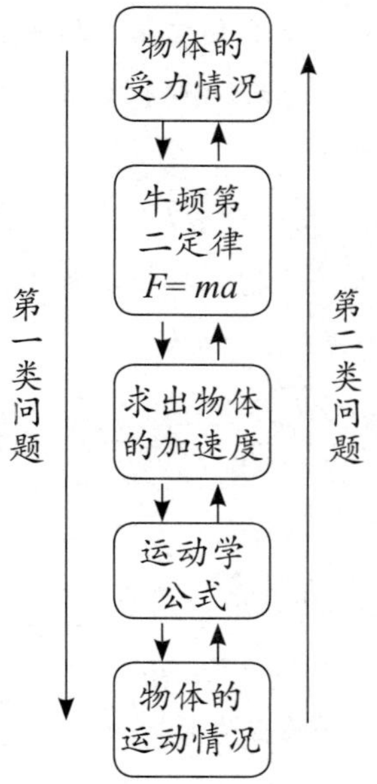	解：$v = 108\ \text{km/h} = 30\ \text{m/s}$。 （1）由 $v_t = v_0 + at$ 得，加速度 $a = \frac{v_t - v_0}{t} = \frac{30-0}{10}\ \text{m/s}^2 = 3\ \text{m/s}^2$。由 $F = ma$ 知汽车受到的合力大小 $F_{合} = 1.0\times10^3 \times 3\ \text{N} = 3.0\times10^3\ \text{N}$。 （2）由 $F = ma = F_{牵} - f$ 得 $F_{牵} = ma + f = 9.0\times10^3\ \text{N}$ 答案：（1）3.0×10^3 N；（2）9.0×10^3 N 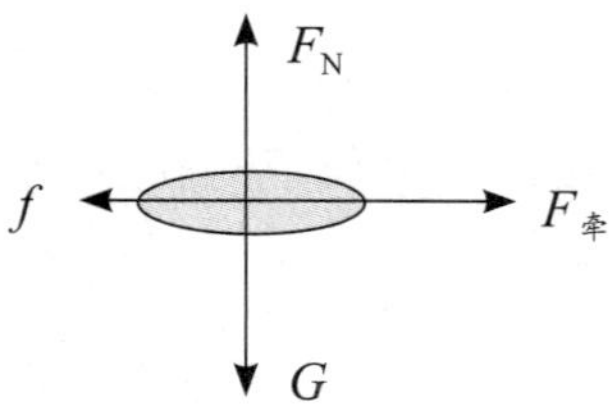

（续表）

<table>
<tr><th colspan="2">板书2</th></tr>
<tr><th>黑板左边</th><th>黑板右边</th></tr>
<tr>
<td>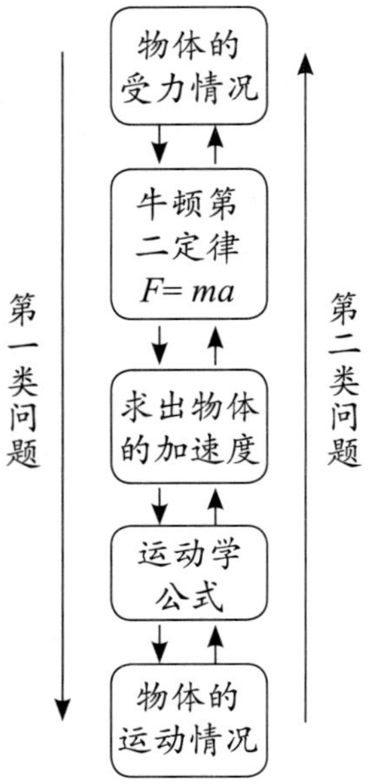
</td>
<td>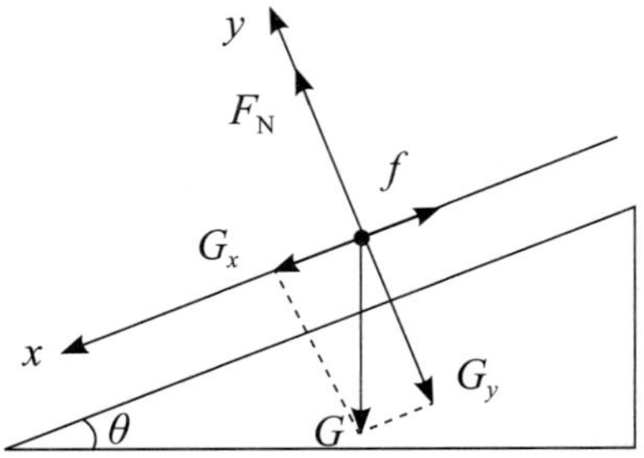

解：如图，建立直角坐标系，把重力沿着x、y轴方向分解，得到：$G_x = mg\sin\theta$，$G_y = mg\cos\theta$。在与山坡垂直的方向，物体没有发生位移，没有加速度，所以G_y与支持力F_N大小相等、方向相反，彼此平衡，物体所受合力F等于G_x与阻力f的合力
由于沿山坡向下方向为正方向，所以合力$F = G_x - f$，合力方向沿山坡向下，使滑雪人产生沿山坡向下的加速度。滑雪人加速度可以根据运动学规律求得，
即由$x = v_0 t + \frac{1}{2}at^2$，解出$a = \frac{2(x - v_0 t)}{t^2}$，代入已知量数值，可得滑雪人的加速度$a = 4\ \text{m/s}^2$
下面求滑雪人受到的阻力。根据牛顿第二定律，$F = ma$
即$G_x - f = ma$，可以解出$f = G_x - ma = mg\sin\theta - ma$，代入数值，得$f = 75\ \text{N}$。滑雪人受到的阻力为75 N</td>
</tr>
</table>

（续表）

板书3		
黑板左边	黑板右边	
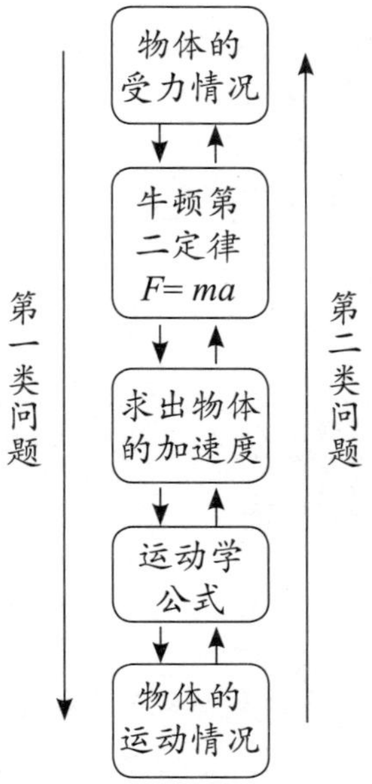	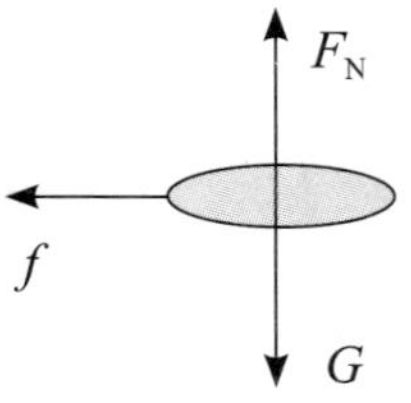 解：如图所示，行李受三个力，垂直方向合力为零，水平方向受到摩擦力，即为合力 因为$f=\mu F_N$，$F_N=G$， 所以$f=\mu G=0.1\times5\times10\ \text{N}=5\ \text{N}$ 答：（略）	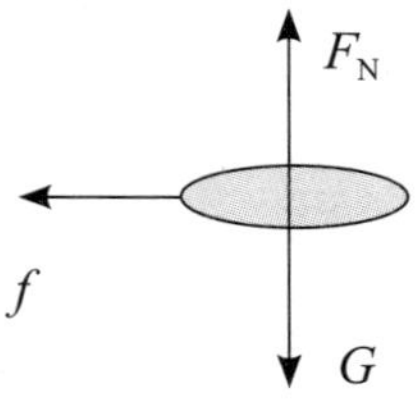 解：如图所示，规定向右为正方向。行李开始与传输带有相对速度，受到传输带的滑动摩擦力。因为$f=\mu F_N$，$F_N=G$， 所以$f=\mu G=0.1\times5\times10\ \text{N}=5\ \text{N}$ 后来行李速度与传输带速度一样，没有相对速度，传输带就不再对行李施加摩擦力，行李受到的合力为零

二是课后作业解释与反馈：据教师M反映，作业于当天晚自习时上交，即2018年3月15日晚上，他在3月16日批改好作业。为避免时间过长，遗失信息，课题组于3月16日阅览批改后的作业，并约好于3月17日上午做访谈。对于课堂观察部分，访谈过程播放了录像，相关分析见表7.3。对于作业批改，可看出教师M非常关注学生学习问题的分析与引领，表7.5列举了两份作业及批改样例。

表7.5　两份作业及批改样例

作业1：

质量为0.3 kg的物体在水平面上做直线运动，图中a、b直线分别表示物体受水平拉力和不受水平拉力时的v-t图像，取$g=10\ \text{m/s}^2$，求：

（1）物体受滑动摩擦力多大？

（2）水平拉力多大？

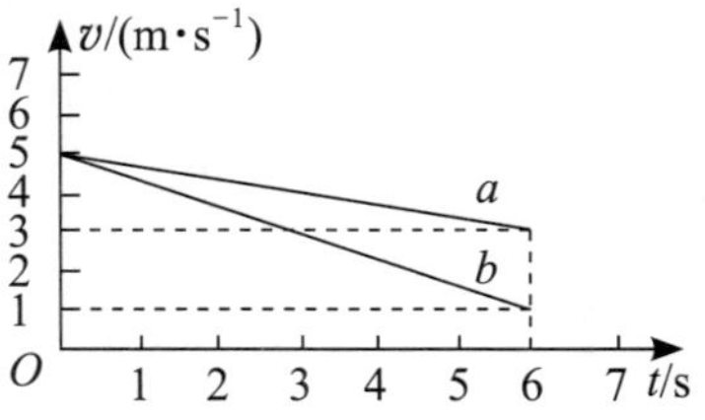

（续表）

作业1批改样例：

（1）由题图知图线a的加速度为

$a_1=\frac{1}{3}\ \text{m/s}^2$

图线b的加速度为

$a_2=\frac{2}{3}\ \text{m/s}^2$

教师评注：没有考虑加速度的矢量特征

根据牛顿第二定律得，摩擦力$f=ma_2=0.2\ \text{N}$

（2）根据牛顿第二定律得：$F_{拉}+f=ma_1=0.1\ \text{N}$

所以$F=-0.1\ \text{N}$，方向与运动方向相同

教师评注：没有运用矢量特征

作业2：

如图所示，质量$M=1\ \text{kg}$的木板静止在粗糙的水平地面上，木板与地面间的动摩擦因数$\mu_1=0.1$，在木板的左端放置一个质量$m=1\ \text{kg}$、大小可以忽略的铁块，铁块与木板间的动摩擦因数$\mu_2=0.4$，取$g=10\ \text{m/s}^2$。试求：若在木板（足够长）的左端施加一个大小从零开始连续增加的水平向左的拉力F，认为最大静摩擦力等于滑动摩擦力，请画出铁块受到的摩擦力f随拉力F变化的图像。

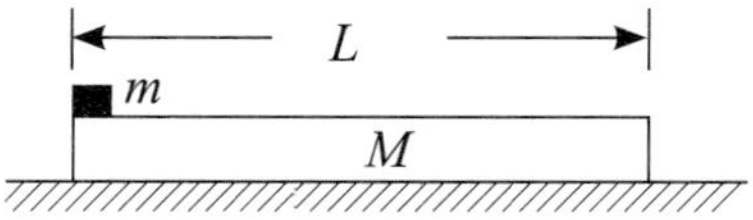

作业2批改样例：

解：当拉力F很小，不能拉动M，此时铁块与木板没有相对运动，所以铁块受到的摩擦力$f=0$。

当拉力F很大，能拉动M，而且此时铁块与木板有相对运动，所以铁块受到的摩擦力$f=\mu_2 mg=0.4\times1\times10=4\ \text{N}$。

答：（略）。

教师评注：到底F增加到多少，铁块与木板开始一起运动。F大到多少，铁块与木板开始分开运动？最后画出图像

课题组仔细翻阅三个班级的作业本后，带着一些问题访谈了教师M，表7.6是相关访谈内容。

表7.6　关于作业批改的访谈

访谈问题	教师M的回应	相关说明
Q：你的作业批改非常详细，请问为什么这样做	M：我认为批改作业是师生交流的渠道，它能为教师提供学生学习的直接信息，教师根据作业情况也可以有针对性地为学生提供学习建议	
Q：批改作业时会不会遇到难以理解的学生学习问题	M：这一般不会的，除非学生呈现信息太少，或者教师太缺乏学科专业知识	
Q：那么你是怎么推断学生学习问题的	M：以前凭经验来确定，但往往不是很准确。现在研制了学习进程，可以依据它做更有把握的分析，毕竟教学目标清清楚楚地写在那	
Q：我看这次作业2，好多学生做错了，而且你的批改基本都是见参考答案，这是为什么	M：确实，这个题目很难，应是高三第一轮复习学习的，但学生手头上有许多市场上买的资料，在这些资料中往往有这个题目，很多学生不懂就来问，只好先讲讲。由于错误共性比较多，所以就提供参考答案。实际上，这个题目要用到整体法与隔离法做受力分析，不懂的学生将来有机会弄明白的	该题涉及整体法受力分析与隔离法受力分析
Q：除了你给的建议，你是否鼓励学生自我评价或同伴评价？你是怎么做的	M：我一般会写出详细评价标准，连同作业一起下发，但要求学生自己先做再校对。如果不理解，可以与班上的同学互相交流	
Q：要写详细的学习建议，是不是会增加工作量	M：刚开始确实是这样，但随着学生学习能力的提高，作业出错率降低，有时也不需要每份作业都要写建议。何况，每次看到学生收到作业迫不及待看批改情况，心里觉得哪怕多花一些时间也值得	

(三)围绕反馈信息调整物体运动状态改变的教与学

通过作业分析，发现学生对于物体运动过程、坐标系正方向规定的把握不是很理想，教师M采取了如下行动。

第一，公示两道作业题目的参考答案(表7.7)，要求解题错误的学生重做一次，并写下他们的不懂之处，咨询老师或同学。

表7.7　两道作业的参考答案

作业1：

解：(1)由题图知图线a的加速度为

$$a_1=-\frac{1}{3}\ \mathrm{m/s^2}$$

图线b的加速度为

$$a_2=-\frac{2}{3}\ \mathrm{m/s^2}$$

根据牛顿第二定律得，摩擦力$f=ma_2=-0.2\ \mathrm{N}$，方向与运动方向相反

(2)根据牛顿第二定律得：$F+f=ma_1=-0.1\ \mathrm{N}$

所以$F=0.1\ \mathrm{N}$，方向与运动方向相同

作业2：

解：对铁块与木板组成的系统进行分析，$F\leqslant\mu_1(M+m)g=2\ \mathrm{N}$时，拉力$F$小于地面对系统的摩擦力，系统不会滑动，铁块受到的摩擦力$f=0$

当系统所受拉力大于2 N时，在木板与铁块之间无相对滑动前，系统具有共同的加速度，有$F-\mu_1(M+m)g=(M+m)a$ ①

对m：$f=ma$ ②

联立①②解得$F=2f+2\mathrm{N}$，即$f=\dfrac{F-2\mathrm{N}}{2}$

因铁块与木板间的静摩擦力与F成正比，且铁块的最大静摩擦力等于滑动摩擦力，故此时拉力应为$F=2\mu_2mg+2\ \mathrm{N}=10\ \mathrm{N}$，所以$2\ \mathrm{N}\leqslant F\leqslant 10\ \mathrm{N}$。当$F>10\ \mathrm{N}$时，木板与铁块间有相对滑动，$f=\mu_2mg=4\ \mathrm{N}$，图像如下图所示

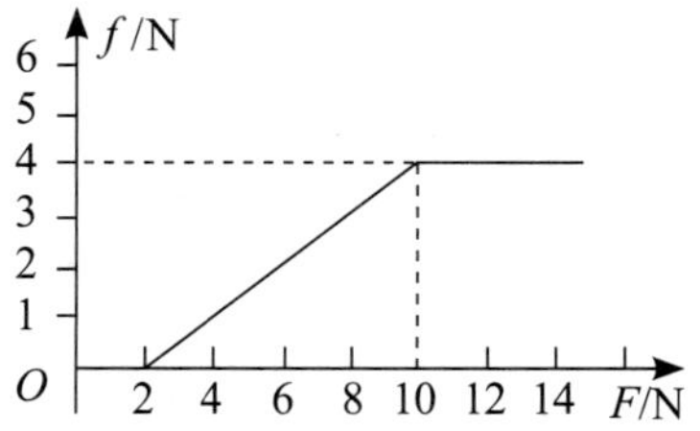

第二，要求学生复习有关摩擦力知识、建立坐标系知识。同时，放慢教学进度，本节内容增加一个课时，针对内容是运动过程和受力分析。

（四）参与教师对整体研究的看法

研究告一段落后，课题组于2018年4月3日访谈教师M对物体运动状态改变学习进程用于支持教学的看法。表7.8呈现具体内容。

表7.8　对学习进程支持教学的看法

访谈问题	教师M的回应
Q：谢谢你接受我的访谈。两个月下来，你总体感觉怎么样	M：不客气。两个月来，有苦有乐，总的说来，还是乐的多。我也学到很多东西，尤其是如何借助学习进程开展形成性评价。个人认为，学习进程有极大教育价值
Q：那请你说说，学习进程对于形成性评价有什么用处	M：以前总认为形成性评价只能事后修修补补，因为我们老师往往不知道下一步教学内容。学习进程则很好地让我明确各个时间段的前后评价内容，通过它，我非常清楚行进道路上的目标。我能很容易地发现学生哪些地方没有掌握，哪些地方需要弥补。学生也能从中了解学习目标和路径，可以开展自我评价、同伴评价
Q：真的有那么多优点吗	M：是的，是的。课堂上形成性评价往往是与教学整合的，有时用得好，形成性评价能够和教学完全融合在一起。由于教师能及时了解学生的学习情况，学生就无须做许多重复的题目了。另外，我感觉自己对本学科的理解也加深了不少，这是因为研制学习进程需要研究学科逻辑，了解学生易出错的典型内容
Q：难道就真的如此完美吗	M：当然不是，学习进程有时也不灵的。例如，许多时候我认为学科逻辑就是那样的，但学生学习太复杂了，学习进程经常与实际不吻合
Q：请你举例说明一下	M：比如物体运动状态改变学习进程使用表明，受力分析是它一个前提技能，我们却没有明确地罗列出来
Q：你认为教师运用学习进程开展形成性评价前景如何	M：我看关键还得依赖教师的本学科专业知能，这个是最重要的。就我的了解，现在许多教师还不了解形成性评价，习惯于备一节课的教案，这方面专业知能需要提高。另外，教师需要掌握基本应用程序。就我个人观点，通过学习进程确定学习目标与评价任务，解释学生表现，开展学习反馈，进而调整教与学，这是个很全面、很实用的实施流程。我们两人在遇到问题时，经常提醒自己是不是按流程操作了

（续表）

访谈问题	教师M的回应
Q：你的意思是要改变教师备课思维	M：是的。学习进程一定程度上就是规划教学目标系列。我和T老师为此还专门研究了课标与教材，最后才形成教学目标系列。这其实是很难的，尤其是制订学习进程，确定各个学习单元的目标，并把它们转化为各种评分规则，这需要多次研讨
Q：你有什么建议	M：需要大家一起做，尤其是教研组内部合作
Q：两个月实施下来，你们的学生有什么变化	M：因为还没完成测验，目前还暂时看不出学生成绩变化。但我感觉，学生比以前更明白自己要学什么、错在哪里了，许多事情也变得更清楚了。说实话，学生更愿意学物理了，但我们也感觉事情更多，更累了
Q：你的意思是	M：我认为，要改变学生学习状况，推行基于学习进程的形成性评价，还需要学校的制度引领与支持，如减少一些不必要的会议，增加学习时间，支持教师走出去学习等
Q：最后问个问题，你会坚持这样的研究吗	M：既然这么有效，为什么不做呢？我规划先发动物理组试试，扩大影响力，看看今后是不是可以推广
Q：谢谢你	M：客气了

三、研究发现

上述数据给予我们直观感受与冲击，但要获取更深入的研究发现，还需要对数据做进一步分析。

（一）数据分析

这些数据主要从两方面获得：一是访谈教师对学习进程的总体看法；二是访谈教师在四个开发流程中更具体的看法。上文呈现的三次访谈、一次课堂现场观察、一次课后作业批改翻阅等内容，已基本反映了这两方面的有关数据。为便于分析，下面进行编码：访谈用F表示，访谈教师M对学习进程用于支持教学的看法用FV表示，访谈教师M对自身教学行为的解释用FB表示，访谈教师M对作业批改的看法用FC表示；课堂现场观察用OM表示，课后作业批改翻阅用CM表示；相关分类主题直接用中文表示。

表7.9展示了教师M对物体运动状态改变学习进程支持形成性评价的看法，描

述来源为笔者对教师M的访谈。表7.10展示了教师基于物体运动状态改变学习进程开展形成性评价的实际做法。

表7.9　教师M对学习进程支持形成性评价的看法：归类分析

主题归类	具体描述
清晰目标	以前总认为形成性评价只能事后修修补补，因为我们老师往往不知道下一步教学内容。学习进程则很好地让我明确各个时间段的前后评价内容和行进道路上的目标。我能很容易地发现学生哪些地方没有掌握，哪些地方需要弥补。学生也能从中了解学习目标和路径，并据此开展自我评价、同伴评价
教学—学习—评价一致性	由于课堂上形成性评价往往是与教学组整合的，有时用得好，形成性评价能够和教学完全融合在一起
减少学习负担	由于能及时了解学生学习情况，学生就无须做许多重复的题目了
促进专业发展	另外，我感觉自己对本学科的理解也加深了不少，这是因为研制学习进程需要研究学科逻辑，了解学生容易出错的典型内容
学习进程复杂性限制	许多时候我认为学科逻辑就是那样的，但学生学习太复杂了，学习进程经常与实际不吻合。例如，物体运动状态改变学习进程使用表明，受力分析是它一个前提技能，我们却没有明确地罗列出来
了解实施程序	另外，教师需要掌握基本应用程序。就我个人观点，通过学习进程确定学习目标与评价任务，解释学生表现，开展学习反馈，进而调整教与学，这是个很全面、很实用的实施流程。我们两个人在遇到问题时，经常提醒自己是不是按流程操作了
学科专业知能限制	我看关键还得依赖教师的本学科专业知能，这个是最重要的。就我的了解，现在许多教师还不了解形成性评价，习惯于备一节课的教案，这方面专业知能需要提高。学习进程一定程度上就是规划教学目标系列，我和T老师为此还专门研究了课标与教材，最后才形成教学目标系列
教师合作限制	这其实是很难的，需要多次研讨，大家一起做，尤其是教研组内部合作
学习态度变化	我感觉，学生比以前更明白自己要学什么、错在哪里了，许多事情也变得更清楚了。说实话，学生更愿意学物理了
教师付出限制	但我们也感觉事情更多，更累了

（续表）

主题归类	具体描述
其他条件限制	我认为，要改变学生学习状况，推行基于学习进程的形成性评价，还需要学校的制度引领与支持，如减少一些不必要的会议，增加学习时间，支持教师走出去学习等
坚持使用	个人认为，学习进程有极大教育价值！既然这么有效，为什么不做呢？我规划先发动物理组试试，扩大影响力，看看今后是不是可以推广

表7.10　教师基于学习进程开展形成性评价的实际做法：归类分析

主题归类	具体描述	描述来源
反馈	我认为批改作业是师生交流的渠道，它能为教师提供学生学习的直接信息，也为学生提供学习建议	FC
	所有学生的作业批改；公布参考答案	CM
	依据经验，这是学生经常犯错的地方，而且也是重点。同时也是学生自我检查的依据	OM
推论	这一般不会的，除非学生呈现信息太少，或者教师太缺乏学科专业知识；以前凭经验来确定，但往往不是很准确。现在研制了学习进程，依据它做更有把握	FC
	这是他们不理解的原因，也是许多学生不理解地方，而且和解题紧密相关，需要加强的	OM
学科专业知能	确实，这个题目很难，应是高三第一轮复习学习的，但学生手头上有许多市场上买的资料，在这些资料中往往有这个题目，很多学生不懂就来问，只好先讲讲。由于错误共性比较多，所以提供参考答案。实际上，这个题目要用到整体法与隔离法做受力分析，不懂的学生将来有机会弄明白的	FC
分享目标	我一般会写出详细评价标准，连同作业一起下发，但要求学生自己先做再校对。如果不理解，可以与班上的同学互相交流	FC
工作负担	刚开始确实这样，但随着学生学习能力的提高，作业出错率降低，有时也不需要每份作业都要写建议。何况，每次看到学生收到作业迫不及待看批改情况，心里觉得哪怕多花一些时间也值得	FC

对上述两个问题的数据归类分析后，可进一步做对应分析，从表7.11可发现它们之间是相互支持的。表7.11显示：问题2的反馈、推论、分享目标是基于学习进程开展形成性评价的表现，它们与问题1的教学—学习—评价一致性、减少学习负担、学习态度改变、促进专业发展、坚持使用等主题是一致的；学科专业知能和工作负担则是实施形成性评价的条件和限制，它与问题1的限制条件也是吻合的。

表7.11　两个问题的主题归类后汇总分析

问题1	问题2				
	反馈	推论	分享目标	学科专业知能	工作负担
清晰目标	√	√	√		
教学—学习—评价一致性	√	√	√		
减少学习负担	√	√	√		
学习态度变化	√	√	√		
促进专业发展	√	√	√		
坚持使用	√	√	√		
限制条件： 学科专业知能 学习进程复杂性 教师合作 教师付出 了解实施程序 其他条件				√	√

（二）总结研究发现

依据上述数据分析，本案例可得到如下若干发现，为便于详细丰富地说明，论述中将穿插相关访谈记录。

第一，学习进程促进指向核心素养的形成性评价的实施。这在整个案例研究中得到有效解释。如教师M认为，基于学习进程，可以推论、反馈学生表现，与学生分享学习目标。基于学习进程的形成性评价能达到教学—学习—评价一致性、减少学习负担、促进专业发展等作用。

M：以前总认为形成性评价只能事后修修补补，因为我们老师往往不知道下一步教学内容。学习进程则很好地让我明确各个时间段的前后评价内容和行进道路上的目标。我能很容易地发现学生哪些地方没有掌握，哪些地方需要弥补。学生也能从中了解学习目标和路径，并据此开展自我评价、同伴评价。

第二，实施程序在指向核心素养的形成性评价实践中得到有效应用。教育不仅是项理论思考，更是项实践行动。对于教师来说，他们需要可以借鉴的支架，如果没有具体的实施程序，教师是不大可能开展形成性评价的。

M：另外，教师需要掌握基本应用程序。就我个人观点，通过学习进程确定学习目标与评价任务，解释学生表现，开展学习反馈，进而调整教与学，这是个很全面、很实用的实施流程。我们两个人在遇到问题时，经常提醒自己是不是按流程操作了。

第三，以学习进程为载体，指向核心素养的形成性评价需要各方配合，尤其是教师的学科专业知能与校内变革。这样的形成性评价当然需要评价知能，但要结合学科专业知能，学科专业知能与评价实践需要相互整合。

M：我看关键还得依赖教师的本学科专业知能，这个是最重要的。就我的了解，现在许多教师还不了解形成性评价，习惯于备一节课的教案，这方面专业知能需要提高。学习进程一定程度上就是规划教学目标系列，我和T老师为此还专门研究了课标与教材，最后才形成教学目标系列。

上文分析表明，开展这样的评价并不容易，受到多重条件限制。但就现实而言，学校自身努力是最为根本的。校内教师考评制度制订、教师合作文化养育、良好学习氛围的营造都是必不可少的。

M：这其实很难的，尤其是如何制订学习进程，确定各个学习单元的目标，并把他们转化为各种评分规则，需要多次研讨，大家一起做，尤其是教研组内部合作。我认为，要改变学生学习状况，推行基于学习进程的形成性评价，还需要学校制度的引领与支持，如减少一些不必要的会议，增加学习时间，支持教师走出去学习等。

由此可见，相比之前的评价经验，依托学习进程，教师能清晰地形成指向核心素养的形成性评价的轴线，并能更好地解释学生表现，开展学习反馈、教学调整。同时，教师访谈也显示，推广形成性评价需要评价基础知识的普及，专业力量的支持，尤其是学校内部评价力量的合作。这些也为我国形成性评价的研究与应用提供了宝贵借鉴。此外，研究显示，应用学习进程于指向核心素养的形成性评价并非容易之事，目前大多数学校与教师还不具备诸多相关条件，其应用还需要长期努力。

四、附件：单元教学方案

方案展示

"物体运动状态改变"单元教学方案

适用年级：高一　课时：16课时

同学们，首先欢迎你们进入新单元的学习，该单元主题为"物体运动状态改变"，它对于我们后续物理学习具有非常重要的作用。

1.学习目标

本单元要求你们能综合应用加速度、合力、速度等物理量的关系，利用相关信息进行问题解决。该要求是如下要求的整合：

（1）知道惯性是物体的固有属性，质量越大，惯性越大；知道物体运动状态可由速度改变来描述；

（2）能用比值定义求出加速度，知道它是匀变速直线运动的特征；能运用$v=v_0+at$，$s=v_0t+\frac{1}{2}at^2$，$v_t^2-v_0^2=2as$等基本公式解决问题；

（3）理解物体质量一定时，其加速度与合力成正比；不同物体所受合力一定时，其加速度与质量成反比，区别出它与比值定义的差异；理解加速度方向与合力方向一致，它们之间的存在具有同时性；

（4）通过加速度，求出物体运动量；或通过加速度，求出物体分运动量，再求出合运动量；

（5）通过加速度，求出物体受到的合力，再求出分力；或通过加速度，求出物体受到的分力，再求出合力。

为落实上述目标，本单元将围绕大问题"如何理解物体运动状态的改变"展开学习。需要注意的是，在学习过程中我们一定要围绕物理学科特征，理解并能应用"物理观念"于实际，同时我们在学习过程中要注重"科学精神"与"实践创新精神"的学习。

2.评价设计

根据上述目标，你将在课堂上完成一些评价任务，也将完成相应的家庭作业，而且需要参与单元形成性测验。所有这些评价测验都是为了让你更好地掌握学习目标。

3.学习活动

本单元安排了五个主题，完成这五个主题教学后将进行一次单元测验。每个主题都有核心问题，都设计了主要的学习活动。相关详细信息，大家可参考下表：

主题	学习目标	核心问题	学习活动
物体惯性与运动状态（2课时）	知道惯性是物体的固有属性，质量越大，惯性越大；知道物体运动状态可由速度改变来描述	惯性与物体的运动状态有何关系	讨论物体运动状态改变与惯性的关系
速度均匀变化的运动描述（4课时）	能用比值定义求出加速度，知道它是匀变速直线运动的特征；能运用 $v=v_0+at$，$s=v_0t+\frac{1}{2}at^2$，$v_t^2-v_0^2=2as$ 等基本公式解决问题	如何从运动的角度描述匀变速直线运动	研究如何通过基本运动量来描述匀变速直线运动；现场练习与反馈
速度均匀变化的定量原因（4课时）	理解物体质量一定时，其加速度与合力成正比；不同物体所受合力一定时，其加速度与质量成反比，区别出它与比值定义的差异；理解加速度方向与合力方向一致，它们之间的存在具有同时性	如何从力和惯性的角度描述加速度	实验探究加速度与合力、质量的关系；现场练习与反馈
通过加速度分析运动情况（1课时）	通过加速度，求出物体运动量；或通过加速度，求出物体分运动量，再求出合运动量。学生常见错误是：运用牛顿第二定律时不清楚运动过程，尤其是相对运动时摩擦力变化情况；混淆合力与分力，以为分力或合力是实际存在的	怎么通过已知受力情况求解物体的运动情况	讨论从受力情况到运动状态的基本推导过程。现场练习与反馈
通过加速度分析受力情况（1课时）	通过加速度，求出物体受到的合力，再求出分力；或通过加速度，求出物体受到的分力，再求出合力	怎么进行已知运动情况求解物体的受力情况	讨论从运动情况到受力状态的基本推导过程；现场练习与反馈
加速度的综合应用（2课时）	能综合应用加速度、合力、速度等物理量的关系，利用相关信息进行问题解决	怎么综合应用信息求解受力情况或运动情况	典型案例分析；现场练习与反馈
单元形成性测验（2课时）			

第八章 “梅花小导游·演练评估”单元评价：凸显学生的评价地位

指向核心素养的形成性评价可以应用于学科课程，也可以应用于校本课程。尽管前者有学科核心素养，而后者并无此项内容，但总体上后者也可用课程目标来“匹配”学科核心素养，而且两者在原则上都可用前文所提到的基本思想与策略来落实核心素养。本章涉及的课程就是校本课程，我们将聚焦于其单元“演练评估”，阐释如何开展相关的形成性评价，以便为广大中小学教师提供参考与借鉴。

一、研究背景

“梅花小导游”①是浙江省余杭区双林小学开发的一门校本课程，它以超山风景区为依托，希望通过小导游的形式来开展综合实践活动，以培育学生综合素养。“梅花小导游”课程的开发遵循“以生为本、先做后导”的基本理念，其课程总目标强调三个“突出”——突出学生，在教师指导下充分发挥学生的主体作用；突出合作学习，以提升“梅花小导游”过程中的交往能力与合作能力；突出探究，唤醒学生经验，让每个孩子带着有准备的头脑亲历“梅花小导游”的学习与体验活动，使学生在“梅花小导游”活动中真正实现“易进入、能主动、善建构、有提升”。

具体说来，遵照“目标与过程高度一体化”的原则，四年级的学生在开展“梅花小导游”的过程中需要达成以下要求：

---

① 该课程由浙江省余杭区双林中心小学杨正刚等老师开发，开发过程笔者参与了理论与实践指导。

（1）亲近并探究自然，热爱自然，初步形成自觉保护周围自然环境的意识和能力；

（2）考察周围社会环境，初步形成反思、探究社会问题的习惯，自觉遵守社会行为规范，增强社会沟通能力，初步养成服务社会的意识，树立对社会负责的态度；

（3）初步具有认识自我的能力，初步具有自主选择和独立做出决定的意识和能力，养成勤奋、积极的生活态度；

（4）激发好奇心和求知欲，初步养成从事探究活动的态度，发展探究问题的初步能力。

那么，这些目标对应哪些核心素养、大观念的学习要求及其主要问题呢？笔者在综合考虑“梅花小导游”课程目标和我国核心素养之后，发现前者直接体现了一些核心素养条目。由此，确定了该课程所指向的核心素养，以及课程目标中隐含的大观念的学习要求及其主要问题。

核心素养：主要指向学会学习、实践创新、社会责任。学会学习具体包括乐学善学、勤于反思、信息意识等基本要点；实践创新具体包括问题解决、技术应用等基本要点；社会责任包括热爱并尊重自然，具有绿色生活方式和可持续发展理念及行动等。这些内容是三条核心素养与本课程相关的内容。

大观念的学习要求。大观念主要指向自我认识、合作探究、环保意识，它的要求包括学生对自己进行批判与反思、自我定位与认同，通过与同学的合作开展合理的探究过程，表现出保护环境的一些行动。具体地说，学生按前期准备、组队申报、制订方案、研究实践、演练评估和展示交流六个学习步骤，主动地获取知识、应用知识，并进行探究解决问题，以发展自我认识与实践能力、增强社会服务意识与公民责任感。

主要问题：主要指向我该如何与自己、他人相处？探究具有什么样的基本要求？我要用什么行动来体现我是爱护自然与环境的？该三大问题用以组织开展“梅花小导游”课程的六个步骤，需要学生不时地加以回顾。

大观念的学习要求需要学生通过探究主要问题而习得，在习得过程中学生必须掌握下述六个学习阶段的本领：

（1）前期准备：逐渐了解并熟悉景点、社区和自我的基本情况；明确小导游的基本意义和要求；

（2）组队申报：对活动表示出兴趣，有明确的景点选择，并有3个成员或以上，小组内有基本分工、有固定的指导教师；

（3）制订方案：从意义、步骤、活动时间、预期目标等方面初步形成书面的活动方案，鼓励学生通过倾听、陈述、交流等形式修缮方案；

（4）研究实践：小组分工明确，学生按照既定方案深入实地考察研究、借助一定的工具收集并处理信息资料，对活动内容和自己的想法、感受有记录并保留；

（5）演练评估：独立地或在老师的指导下根据自己搜集和筛选的资料进行模拟或实地演练，申请并参加由学校组织的“小导游”项目考核；

（6）展示交流：利用节假日等业余时间或者由学校统一组织的时间，开展汇报演出、现场比赛、实地导游等展示交流活动。

在某种程度上，这六个学习阶段构成了课程的六个单元，本章就选择了“演练评估”单元进行形成性评价研究。

二、研制单元教学方案

为开展“演练评估”单元的形成性评价，我们以“梅花小导游”课程为背景，先研制了单元教学方案。

方案展示

“演练评估”单元教学方案

课程类型：校本课程　授课教师：杨正刚

适用年级：四年级　课时：6课时

1.单元目标

（1）参加各种活动，在活动中欣赏景区，并主动参与到关心景区的环境保护中来。

（2）通过导游词、照片、小报等多种形式来展现所选景点的特点（风光、民俗）。

（3）通过汇报，体现对风景区的热爱之情，激发进一步探究的兴趣。

（4）能主动向别人介绍获得的景区知识，从而提高人际交往能力，锻炼自身能力。

（5）主动观察风景区和周边社区的卫生情况、语言文明等问题，并能提出相关的建议。

（6）在小组汇报中能体现合作意识，培养集体荣誉感。

（7）以整洁、健康的形象参与各类活动。

（8）小导游能口齿清楚、镇定自如地介绍所选景点的知识。

（9）小导游能大方、正确地回答听众的问题。

（10）能根据自己的兴趣爱好、特长等进行汇报，展现自身良好的素质。

（11）通过展示，发现队员获取信息、选择信息和处理信息的能力，整理出合适的导游词。

2.对应的核心素养、大观念及其学习要求、主要问题

（1）核心素养：学会学习、实践创新、社会责任。

（2）大观念及其学习要求：从游客角度介绍景区是本单元的大观念，它的基本学习要求为结合景区特色、游客需要、本人特征与游客进行有效沟通。

（3）主要问题：怎样更顺畅地与游客沟通交流？

3.评价设计

单元评价主要采取学生自评和学生互评形式，评价内容主要为学生在景区服务游客时的表现。具体说来，学生可借鉴下表进行评价：

__________阶段小组荣誉榜

小组	守纪律	勤参与	会合作	金点子	俏仪态	真风采	总评
A							
B							
C							
D							
评价等级：要努力；还可以；真不错。							

还有一种评价方式是通过成长档案记录袋进行评价，这个记录袋要求学生记录日常学习、人际交往和情感探究等领域的活动历程、成果及感受，如下表所示。

我的成长档案记录袋　　　年　　月

<table>
<tr><td colspan="2">我的自画像</td><td colspan="5"></td></tr>
<tr><td colspan="2">项目主题和我的选择</td><td colspan="5"></td></tr>
<tr><td colspan="2">活动目标和步骤</td><td colspan="5"></td></tr>
<tr><td rowspan="4">活动的任务和过程</td><td>序号</td><td>时间</td><td>任务</td><td>人员</td><td>场所</td><td>达成情况</td></tr>
<tr><td></td><td></td><td></td><td></td><td></td><td></td></tr>
<tr><td></td><td></td><td></td><td></td><td></td><td></td></tr>
<tr><td></td><td></td><td></td><td></td><td></td><td></td></tr>
<tr><td colspan="7">活动成果及感受</td></tr>
<tr><td colspan="7"></td></tr>
</table>

4.学习活动设计

三、评价实践举例

本阶段，将促进学生自主或在教师的指导下根据搜集和筛选的资料进行模拟或实地演练，申请并参加由学校组织的“小导游”项目考核。在具体操作中，譬如：

●小导游对前面阶段各位队员在小组中的行为进行分析（如甲小组讨论制订了小组争星计划，并对前面小组提供的资料进行学习和筛选，保留各小组需要的景点资料。再根据各队员完成情况给予星星奖励），最后整理完成“宋梅”景点的导游词。

●小琪等同学撰写了一份“宋梅”景点的导游词。由于小组查找到的资料有很多，组员认为这些资料很有价值而全部保留使用，所以导游词整体的语言显得生硬，不够口语化，“游客”听后感觉繁杂，重点不明。老师适时介入，指导其资料的取舍，经过该小组多次修改，设计出语言简洁、活泼生动的导游词。

●小琪同学所在的小组在模拟“小导游”演练时，组员争当小导游。老师与组员商量后确定了甄选方法，用同一份导游词进行模拟解说，根据组员投票，择优选出小导游。

●小琪同学给家长做了一次小导游，家长指导其肢体语言的运用，取得较好效果。

●小琪同学介绍了小组中各位成员的分工与工作成效。由于前期小组对自身认识不足，在实地采访中，组员分工进行了调整。如实地演练前，小红同学自愿担任后勤保管员，小乐同学为采访员，但根据实际交流表达能力，小红比小乐更适合采访工作，故临时调整了分工。

又如，经过指导后，小琪同学很好地进入小导游角色，给观众留下了极好的印象，老师和同学一致认为她达到了该单元的学习目标。

四、研究体会

本单元教学结束后，不少学生反映获得了学习自信和兴趣，也学会了一些知识和技能，这正是本单元教学与评价的重要目标。回顾本单元评价，在如下三个方面感触颇深：

一是形成性评价首先需要明确的学习目标。虽然本单元内容来自校本课程，并没有明确的国家课程标准参考，但是我们通过集体努力研制出相关的学习目标，并且尽可能做了一些细化，以便评价时更容易操作。学生也能较好地参考这些评价标准进行自我评价或同伴互评。

二是核心素养并非那么高大上，不可评价，而是可以实实在在地加以评估。本单元演练评估涉及的学习目标在很大程度上就是核心素养中学会学习、实践创新、社会责任的要求，对它的评价其实就代表了对这三类核心素养的评价。这里的关键是要找到与核心素养匹配的整合性目标，而不是零碎化的知识点。

三是核心素养的评价需要课堂评价与相应的评价方法。实践中，我们受外部大规模考试的影响，往往把课堂评价定位为总结性评价目的。事实上，课堂评价的目的在于促进学生学习，它对于像核心素养这样的累积性、统整性学习目标极其关键。

五、附件：学期课程纲要

为便于读者更好地理解本章内容，下文将呈现该单元所在学期的课程纲要。该课程纲要是“学生版本”，从学生的角度进行叙述。

方案展示

“梅花小导游”单元教学方案

适用年级：四年级　课时：24—27课时

亲爱的同学们，欢迎你们参与学习“梅花小导游”。这门课邀请大家担任我们超山十大景点的小导游，希望大家能向旅客精彩地介绍家乡和推荐家乡，体验搜集信息、处理信息和展示交流的基本历程，让我们更快、更好地融入生活、融入社会，发展良好的个性品质。

1.你将学会哪些本领

学完本课程后，总体上你需要达到下述四个方面的要求：

（1）亲近并探究自然，热爱自然，初步形成自觉保护周围自然环境的意识和能力。

（2）考察周围社会环境，初步形成反思、探究社会问题的习惯，自觉遵守社会行为规范，增强沟通能力，初步养成服务社会的意识和对社会负责的态度。

（3）初步具有认识自我的能力，初步具有自主选择和独立做出决定的意识和能力，养成勤奋、积极的生活态度。

（4）激发好奇心和求知欲，初步养成从事探究活动的态度，发展探究问题的能力。

具体说来，你能进行自我批判与反思、自我定位与认同，通过与同学的合作开展合理的探究过程，力所能及参与保护环境的具体行动。在前期准备、组队申报、制订方案、研究实践、演练评估和展示交流六个学习步骤中，要主动地获取知识、应用知识、探究解决问题，以发展自我认识与实践能力、增强社会服务意识与公民责任感：

（1）前期准备：逐渐了解并熟悉景点、社区和自我的基本情况；明确小导游的基本意义和要求。

（2）组队申报：对活动表示出兴趣，有明确的景点选择，并有3个或3个以上成员，小组内有基本分工、有固定的指导教师。

（3）制订方案：从意义、步骤、活动时间、预期目标等方面初步形成书面的活动方案，鼓励同学通过倾听、陈述、交流等形式修缮方案。

（4）研究实践：小组分工明确，同学们按照既定方案深入实地考察探究、借助一定的工具收集并处理信息资料，对活动内容和自己的想法、感受进行记录并保留。

（5）演练评估：独立地或在老师的指导下根据搜集和筛选的资料进行模拟或实地演练，申请并参加由学校组织的“小导游”项目考核。

（6）展示交流：利用节假日等业余时间或由学校统一组织时间开展汇报演出、现场比赛、实地导游等展示交流活动。

在活动中你要达成如下每个步骤包含的具体要求：

学习阶段	维度	四年级
前期准备（3课时）	自然	（1）了解风景区的主要景点，体会风景区环境和自己的关系 （2）通过调查、采访、观摩、查阅文献等途径了解“梅花小导游”的基本意义和要求 （3）乐于参加各种亲近自然的小组活动，在小组中乐于承担一定的角色和分工 （4）丰富对风景区的认识，激发探究的热情，并能身体力行
	社会	（5）了解风景区的基本地理位置以及所属的村落、街道等 （6）通过参观、考察、远足、走访等活动了解风景区及其周边的风土人情 （7）通过查阅文献、调查访谈等途径了解导游解说词的基本特点 （8）积极参与社区和风景区的社会实践与服务活动，了解社会行为规范
	自我	（9）了解并愿意描述自己的兴趣、爱好、特长和不足 （10）了解并尝试设计一次准备活动，知道自己在小组中的角色，积极参与小组各阶段的活动，愿意表达自己的观点和感受 （11）在小组中愿意承担力所能及的任务，并能主动与人交往、融入集体，为同伴提供适当的帮助

（续表）

学习阶段	维度	四年级
组队申报（3课时）	自然	（12）知道1—3个景点，景点选择要遵循便利和就近原则，并且小组成员有共同了解、探索的兴趣 （13）通过个别交谈，模拟尝试等途径了解野外安全防护知识，譬如识别危险，自我保护的能力 （14）初步形成接触自然、探索自然的小组意识，并付诸实践
	社会	（15）了解组内各成员的特长，知道并争取相应的物质支持，如教师、家长和其他社会人士的帮助 （16）知道并尝试运用探访的方式了解相关景点以及能提供帮助的人群 （17）尊重他人的生活特点和个性特点，小组成员之间乐于协作
	自我	（18）了解野外活动应具备的基本身体素质以及所需的智能储备 （19）具有一定的语言沟通能力，愿意并乐意在活动中描述自己的感受与体会 （20）在团队活动中遵守纪律，明确自己的职责与任务
制订方案（4课时）	自然	（21）对自己所研究的景点历史文化有较清晰的认识，明确课题的意义与价值 （22）接触自然，丰富对自然的认识，体会环境保护与自己生活的关系，激发对本课题研究的热情 （23）开展一次自我救护知识讲座 （24）组织一次认识超山梅花、了解梅花知识的活动
	社会	（25）通过参与方案的讨论、制订，发展人际交往能力，培养合作的品质 （26）关爱身边的人，能为团队做贡献 （27）设计一份调查表格，调查了解家长、社会能提供的帮助 （28）策划一次班级家长会，并进行合理分工
	自我	（29）在沟通与协调中，乐意根据自己的兴趣爱好特长，选择角色，明确分工 （30）积极参与方案的制订和修缮，愿意表达自己的观点与感受 （31）通过文字、图画，展现自己的观察与思考 （32）设计一份宣传超山梅花的小报 （33）组织一次队会，展示自我特长

（续表）

学习阶段	维度	四年级
研究实践（5课时）	自然	（34）通过查阅资料，采访景区工作人员、当地村民，观摩景区导游，写游记或观察日记等途径收集、整理、筛选感兴趣的景点资料 （35）丰富对景点的认识，激发探究的热情，并身体力行 （36）树立强烈的环保意识
	社会	（37）熟知景点文化，学会和掌握一定的表达和传播技能 （38）尝试与小组成员合作写导游演说词、活动感受或图文宣传报道；乐于与他人交流、分享，善于表达自己的想法和见解；有帮助组内解决困难，化解矛盾的能力 （39）对户外活动、陌生环境可能潜在的危机具有防范意识
	自我	（40）乐意在活动中描述自我感受、兴趣和特长 （41）明确组内任务，并能积极自觉地完成所承担的任务；能虚心听取他人意见，能对他人做出客观评价，并能提出自己的改进建议 （42）有一定的社会交际能力，能对他人做清楚的说明；有一定的应变能力
演练评估（6课时）	自然	（43）亲身参加各种活动，在活动中欣赏景区风景，主动参与到关心景区的环境保护中来 （44）通过导游词、照片、小报等多种形式展现所选景点的特点（风光、民俗） （45）通过汇报，体现对风景区的热爱之情，激发进一步探究的兴趣
	社会	（46）能主动向别人介绍获得的景区知识，从而提高人际交往能力，锻炼自身能力 （47）主动观察风景区和周边社区的卫生情况、语言文明等问题，并提出相关的建议 （48）在小组汇报中能体现合作意识，培养集体荣誉感
	自我	（49）以整洁、健康的形象参与各类活动 （50）小导游能口齿清楚、镇定自如地介绍所选景点的知识 （51）小导游能大方、正确地回答听众的问题 （52）根据自己的兴趣爱好、特长等选择景点，并做好导游汇报，展现自身良好的素质 （53）通过展示，发现队员获取信息、选择信息和处理信息的能力，从而整理出合适的导游词

（续表）

学习阶段	维度	四年级
展示交流（3课时）	自然	（54）通过“梅花小导游”活动，了解风景区过去、现在的不同自然风景 （55）能熟练介绍所选的风景区景点，并尝试根据不同听众调整介绍形式 （56）在风景区设计并举办一次环保宣传活动，理解人与自然相互影响、相互依存的关系，认识到保护环境人人有责
	社会	（57）正确使用礼貌用语，学习与人交往 （58）在学校、家庭范围内开展服务活动 （59）参与校园和社区内的多种文化活动，在活动中丰富生活情趣
	自我	（60）以整洁的形象参与“梅花小导游”为主题的各类活动，明确职责和任务 （61）在活动中口齿清晰、镇定自若地展示成果和表达自己的观点

2.你的成绩怎么来的

你的成绩来源包括三大部分，反映了你对上述学习目标的掌握情况。第一部分成绩来自即时性小组荣誉榜，包括守纪律、勤参与、会合作、金点子、俏仪态、真风采共六个方面；评价等级有要努力、还可以、真不错共三种水平；评价主体可以是教师、同伴和其他小组同学。

小组	守纪律	勤参与	会合作	金点子	俏仪态	真风采	总 评
A							
B							
C							
D							
评价等级：要努力、还可以、真不错。							

第二部分成绩来自阶段性的成长档案记录袋，这个记录袋要求你记录日常学习、人际交往和情感探究等领域的活动历程、成果及感受，制作并收集活动中成长和发展的一系列材料。操作时，建议制作个人的成长档案记录袋。

我的成长档案记录袋　　　年　　月

<table>
<tr><td colspan="2">我的自画像</td><td colspan="5"></td></tr>
<tr><td colspan="2">项目主题和我的选择</td><td colspan="5"></td></tr>
<tr><td colspan="2">活动目标和步骤</td><td colspan="5"></td></tr>
<tr><td rowspan="4">活动的任务和过程</td><td>序号</td><td>时间</td><td>任务</td><td>人员</td><td>场所</td><td>达成情况</td></tr>
<tr><td></td><td></td><td></td><td></td><td></td><td></td></tr>
<tr><td></td><td></td><td></td><td></td><td></td><td></td></tr>
<tr><td></td><td></td><td></td><td></td><td></td><td></td></tr>
<tr><td colspan="7">活动成果及感受</td></tr>
<tr><td colspan="7"></td></tr>
</table>

关于这部分的评价内容，你要注意以下问题：

（1）我的自画像：反映你的样貌、兴趣、特长和缺点等。

（2）项目主题和我的选择：反映个人所在小组确立的项目主题、个人的选择、小组分工及其过程体验。

（3）活动目标和步骤：反映个人及所在小组在教师指导下确立的活动目标及活动的一般步骤。

（4）活动的任务和过程：反映个人及所在小组在具体实践中的活动时间、任务、人员、场所以及达成情况。

（5）活动成果及感受：以数据、照片、视（音）频、互动评价等主要形式，记录、实录反映个人的感受和意见以及所在小组活动成果等信息资料。

第三部分成绩来自结果性评价。这部分成绩主要是对大家所在小组期末汇报时，仪容仪表、服务规范、内容组织、语言表达和风景区知识的储备情况五个方面的评价，其中前四个方面具体包括：

（1）仪容仪表：着装、发型、面容、姿态。

（2）服务规范：话筒持法、面对游客、所站位置。

（3）内容组织：重点突出、条理清晰、内容全面、有针对性。

（4）语言表达：语言流畅、通俗易懂，语音、语调、语速。

简要地说，你的成绩为这三部分成绩之和。从分数分布情况看，你的成绩=第一部分成绩（满分30分）+第二部分成绩（满分40分）+第三部分成绩（满分30分）。为争取好成绩，你可要多多努力呀。

3.你将参与哪些主要活动

同学们开展导游活动的十大景点有罗浮桥、缘溪亭、吴昌硕纪念馆、宋梅、浮香阁、大明堂、梅花大道、临水梅轩、超然山人、香雪海草坪。按照东园、西园之分可将十大景点分为两部分：东园包括罗浮桥、缘溪亭、吴昌硕纪念馆、宋梅、浮香阁、大明堂六处；西园包括梅花大道、临水梅轩、超然山人、香雪海草坪四处。每位合格的“梅花小导游”可以服务东园、西园各一处景点，当然啦，你也可以为全部景点提供导引、介绍等服务。

围绕超山十大景点，每周你将至少有三个课时参与活动，参与活动过程主要为上文提到的前期准备、组队申报、制订方案、研究实践、演练评估、展示交流六个步骤。下表为你提供了导游活动的景点、探究项目、活动方式、结果呈现方式。在整个课程学习过程中，请你思考“我该如何与自己、他人相处？”“探究具有什么样的基本要求？”“我要用什么行动来体现我是爱护自然与环境的？”这样会帮助你在开展“梅花小导游”课程的六个步骤中获得更丰富、更深刻的体会。

主要问题 （1）我该如何与自己、他人相处？ （2）探究具有什么样的基本要求？ （3）我要用什么行动来体现我是爱护自然与环境的？			
十大景点	探究项目备选	活动的基本方式（供参考）	结果呈现的基本形式（供参考）
罗浮桥、缘溪亭、吴昌硕纪念馆、宋梅、浮香阁、大明堂、梅花大道、临水梅轩、超然山人、香雪海草坪。	各大景点的历史、名人轶事、民间传说、故事歌谣、风土人情、环境保护等。	“调查”“考察”“实验”“探究”“设计”“操作”“制作”“服务”等一系列活动。	文字、图片、图文、视频、板报、宣传册、广播站、博客、交流群等渠道与形式。

附录A 常见疑问和回答

一、校内考试的主要性质是什么?

校内考试是相对于校外考试而言的，它一般定位于形成性评价，也就是说，校内考试的主要目的在于诊断并促进学生学习。具体说来，课堂小测试、单元测试的主要目的在于促进学生学习，即便是学校组织的较大规模的期中、期末测试，其目的也不仅在于总结性评价目的，还包含了形成性评价目的。因此，学校、教师、学生、家长、学校上级管理人员等首先要认识到校内考试的教育性价值，只有这样才能发挥校内考试促进学习的功能。

二、核心素养与学科核心素养有何关系?

(一)上位概念与下位概念的关系

在概念层级上，核心素养是上位概念，体现了基础教育的总体目标，它需要下位概念的实现才能得以落实。这种下位概念离不开学科核心素养，这是因为核心素养需要通过各种课程才能得以落实，学科课程是重要的课程类型，而学科核心素养就是学科课程目标。

因此，从概念层级看，学科核心素养和核心素养分别隶属不同目标层级，学科核心素养是核心素养在学科中的体现或具体化，核心素养是各学科核心素养的提炼和抽象。换言之，核心素养与学科核心素养之间表现为共性与个性、抽象与具象的关系。

（二）互为目的与手段的关系

核心素养比教育目的更具体地描述出了教育结果，可视为一种教育目标，为基础教育描述出所欲培养的学生形象，是学校所有课程的指向。学科核心素养作为学科纲领性的目标，可视为学科目标。为落实核心素养，学科核心素养自然需要核心素养的引领。从这个意义上讲，学科核心素养服务于核心素养这个总目标，是落实核心素养的手段和途径，它的研制必须以核心素养为依据，它的落实必须体现或有助于核心素养的达成。

逻辑起点考察也表明，这种目的与手段的关系并非单向的，而是互为手段与目的。如果把核心素养作为目的，为落实核心素养，学科核心素养可作为手段；如果把学科核心素养作为目的，为落实学科核心素养，核心素养可作为手段。在很大程度上，学科核心素养与核心素养是互为因果的，手段与目的的关系可以依据实际而变。

（三）相互包含与相互促进的关系

在构成上，一些学科核心素养条目具有跨学科的特点，包含了本学科能够落实的部分或全部核心素养。例如，逻辑推理是数学核心素养之一，而科学精神是核心素养之一，两者都含有理性思维、因果关系等含义。可见，在内涵与外延上，学科核心素养与核心素养条目呈现出你中有我、我中有你的相互包含关系。

这种相互包含的关系自然意味着，学科核心素养与核心素养之间存在着相互促进的关系。这是因为，核心素养的发展对学科核心素养的形成有正向推进作用，例如，核心素养中科学精神的发展自然会对数学核心素养中逻辑推理的形成产生积极作用。反之，学科核心素养的形成也有助于促进核心素养的发展，例如，数学核心素养中逻辑推理的发展自然会对核心素养中科学精神的形成产生积极作用。

（四）超越机械相加与一一对应的关系

逻辑起点考察表明，学科核心素养是核心素养的具体体现，但除此之外还包括学科的一些独特素养要求。正因为这种学科的独特性存在，使得所有学科核心素养的相加不等于核心素养。如果考虑到核心素养的培育，除了学科课程还需要其他许多非学科的教育和活动来完成的话，就能更容易明白那种把核心素养等同于学科核心素养机械相加的想法是错误的。

学科核心素养与核心素养的关系，还体现在它们超越了一一对应的关系。这是因为一些核心素养条目未必只对应某门学科的核心素养条目，而是可能对应不同学科的核心素养条目。反之，一些学科核心素养条目也可能不只对应某一条核心素养条目，而是对应若干条核心素养条目。可见，必须摒弃使用线性的思维来思考学科核心素养与核心素养的关系。

三、单元教学有哪些典型模式？

逆向设计和建构主义学习设计是目前单元设计的典型模式与大致思路。事实上，两种思路可相互借鉴融合。关于建构主义有着不同学习设计模式，下文重点介绍的建构主义学习设计是由美国加州大学伯克利分校乔治·加依（G.W.Gagnon）和他就职于加利福尼亚州立大学黑沃得东湾分校的妻子米歇尔·柯蕾（M.Collay）通过15年的研究总结而得。

具体说来，建构主义学习设计提出了由情境、小组、桥梁、任务、展示、反思共六大要素构成的基本框架。下文总结了建构主义学习设计的六大要素。

1.情境：为学生学习描述相应的目标，确定一个学习主题，并选择相应的评价体系。

2.小组：将学生、资料和设备系统化，搭建学习小组，以促进意义的生成。

3.桥梁：通过描述学生的发展水平、社会经济环境和文化背景，在学生的已有知识与他们期待学习的知识之间搭建一座桥梁，揭示它们的概念，并建立与实际生活的联系。

4.任务：让学生在参与任务的同时，解决那些他们自己预先提出的疑问，并仔细考虑学生对这些问题的回答，确保他们会持续思考。此外，在构思任务期间，还要通过设定社会意义来描述学生是如何展开学习的。

5.展示：让学生制作各种手工作品作为学习的成果，并且要让他们介绍这些作品，以及说明他们是如何确定社会意义的。通过这种展示来演示他们合作思考的结果。

6.反思：鼓励学生通过他们的情感体验和身体反应、感官印象以及他们分享的意义和所使用的语言，来反思他们在学习情节中的思考过程。下表9.1呈现了这六大要素的内涵。

表9.1　建构主义学习设计的六大要素

六大要素	各自要点
情境	目标：你为什么让学生参与这个学习情节 主题：你想让学生学习的中心内容是什么 评价：你会怎样评估学生的学习
分组	学生：你会怎样组织学生分组 材料：学生会利用哪些材料创建意义 设备：为了促进学习，你会如何分配设备
桥梁	听众：谁是你的学生 前概念：你会怎样揭示学生的已有知识 联系：你会怎样把学习主题与学生的生活联系起来
任务	参与：学生会怎样创建意义 学习：哪种记录能证明学生的学习 思考：学生会问什么问题以及你会怎么回答
展示	手工作品：学生会制作出什么东西作为他们的学习成果 介绍：学生会怎样介绍他们的手工作品 解释：学生会怎样解释他们的思维活动
反思	感受：学生会如何反思他们的情感经历/亲身体验 映像：学生会如何反思他们的感觉经验 语言：学生会如何反思他们的沟通经历

四、何谓大观念?

就中文字面来看，大观念与大概念、大想法、大思想等词语同义，它能让我们联想起诸多远大的抱负。在课程与教学领域，大观念则有着特定的内涵，较早可追溯到1960年布鲁纳（J. S. Bruner）倡导的学科结构运动。

这场举世瞩目的运动源于一种假设：任何学科都拥有一个基本结构。在布鲁纳看来，掌握学科的结构就是以允许许多事物有意义且相互关联的方式来理解该学科，习得结构就是学习理解事物如何相互关联。以代数为例，它是一种将已知数和未知数安排成等式的方法，以使得未知数变得可知。其三个基本要素包括交换、分配、结合，当学生掌握了这三个基本要素，就会知道要解决的“新”等式其实并不新。据此，我们不难理解布鲁纳的螺旋式课程的设计思想——围绕某些核心概念展开课程设计，在不同年段不断重现这些概念，因为这有助于设计连续且聚焦一致的课程，同时也有助于发生学习迁移。就此，大观念概念呼之欲出。

不久之后，菲尼克斯（P. Phenix）在《意义的领域》一书中，也指出了学科“代表性概念”对设计课程的重要性，认为这些概念可以使学习既有效能又有效率。这是因为，如果一门学科有某些特色概念可以代表它，那么彻底地理解这些概念就等于获得整个学科的知识；如果一门学科的知识是按照某些模式而组织，那么完全理解这些模式，足以使得许多符合学科设计的特定要素变得清晰。

1998年，埃里克森（H.L.Erickson）明确指出大观念是一种抽象概括，它们是在事实基础上产生的深层次的、可迁移的观念；是对概念之间关系的表述；具有概括性、抽象性、永恒性、普遍性的特征。2004年，威金斯（G.Wiggins）和麦格泰（J.McTighe）对大观念做出更为系统的论述。他们认为，大观念是对个别的事实和技能赋予意义和联结之概念、主题、问题，不是我们平常所说的基本概念，是居于学科“核心”的观念。大观念的表现形式可以多种多样：一个词或两个词（如平等）、主题（如善良战胜邪恶）、持续的论辩和观点（如保守对自由）、自相矛盾之说（如离家以找寻自我）、理论（如进化论）、背后的假定（如市场机制是理性的）、理解或原理（如形式随功能而定），一再出现的问题（如我们能进行有效证明吗？）。显然，威金斯和麦格泰的大观念指向思想或看法，可以是概念，也可以不是概念，已超越前述学者的观点。在他们看来，好比车毂是使得车轮维持在车轴固定位置的装置，所谓大观念是指学科中那些关键的观念，它们居于学科的中心，联结了其他一些知识点，使得学科课程更为聚焦连贯。因此，像车毂般的关键观念对理解很重要，若不能掌握这些观念，并利用它们来聚合相关的学科内容知识，留下的只有无法带领学生前进的零碎枯燥的事实或信息。可见，大观念是理解的基础素材，可以被想象成是有意义的概念工具，这些概念工具使学生将分散的点状知识联结起来。这样的观念超越了个别的知识，可应用到学科之内或以外的新情境。简要地说，大观念可以归纳为：

1.是一种有焦点的观念“透镜”，透视任何要学习的内容。

2.通过联结及组织许多事实信息、技能、经验，来提供意义的广度，以作为理解的关键。

3.需要“超越内容”的教学，单纯的教学内容对学习者而言其意义或价值极不明显，而有些大观念是反直觉或易造成错误理解，需要止于内容教学。

4.有很大的学习迁移价值，在一段时间之内，可应用到许多其他探究主题或问题上——课程内或学校以外生活的水平迁移和垂直迁移（本学科的后续学习）。

2010年，哈伦（W.Harlen）等人编著了《科学教育的原则与大概念》，着重从概念的层面探讨大观念，明确提出14项科学教育的大概念（即大观念）。在该书中，大观念被视为适用于一定范围内物体与现象的概念，例如，生物体需要经过很长时间的进化才能形成在特定条件下的功能。与此相对应，小概念只能应用于特定观察与实验，例如，蚯蚓能很好地适应在泥土中的生活。然而，概念大小是不同的，中等程度大小的概念可连接到较大的概念，而较大的概念可连接到更大一些的概念。照此类推，只要能分解出更小概念的概念，都可称作大观念，因此大观念只是一个相对的概念。一个概念要想被视为大观念，它需要满足：能被普遍运用；能通过不同内容来展开，可以依据关联度、兴趣和意愿来选择内容；可以运用于新的情境，能够使学习者理解他们一生中可能会遇到的情况和事件，即使是学习者目前尚不知道的。在此必须指出，哈伦等人的大观念与威金斯等人的大观念有所不同：哈伦等人主要探讨中观层面的课程问题，用大观念作为课程目标的思路重构新的科学教育体系，而威金斯等人的探讨主要是在微观层面，即在基于课程标准的前提下，用大观念的方法探讨单元或主题教学的设计。就大观念本身而言，前者比较严密，后者相对松散，前者的贡献在课程领域，后者的贡献在教学领域。限于论题与篇幅，本书主要聚焦于微观层面的大观念，但不限于课程标准范围，所针对的课程可以是非国家课程，在这类课程中并非是先用大观念去建构课程，而是去寻找相关大观念。

这些代表性观点启示我们：在地位上，大观念居于学科的中心位置，集中体现学科课程特质的思想或看法；在功能上，大观念有助于设计连续且聚焦一致的课程，有助于发生学习迁移；在性质上，大观念具有概括性、永恒性、普遍性、抽象性；在范围上，大观念意指适用较大范围的概念；在表达方式上，大观念有多种表现形式。

五、为何用大观念落实核心素养？

考虑到大观念所具有的独特属性，它们非常适合落实核心素养，这至少可以从三个方面做出更为具体的解释。

第一，大观念的理解与运用体现出核心素养的本质要求。作为统整性素养，核心素养的实质是要求学生能解决综合性的问题，各门学科成为落实核心素养的重要载体，学科课程目标或学科素养可视为核心素养在学科层面的具体化。在此，有个问题值得深思，即在目标层面上，大观念与核心素养到底是如何发生联结的。

大观念是种观念，其要求不能代表核心素养的要求，但由于其居于学科概念的中心地位，因此，从操作的角度看，理解与运用大观念则体现了一门学科比较重要的学习目标，它代表了一门学科课程目标或学科素养的要求，学科素养恰恰就是核心素养要求在学科层面的体现。从实践的概念观看来，概念并非仅仅是用语言来表达的定义，概念的理解与运用才是我们的学习目标。我们对世界的概念性把握，并不只是表现为我们能构造出正确的关于世界的命题，在根本的意义上，它体现在某些形式之中。不言而喻，在学科构成中大观念可代表学科核心概念，对大观念的理解以及在应用大观念解决问题上的表现，体现了学科课程目标的要求。考虑到当今学科素养代表了学科课程目标，因此对大观念的理解与运用直接体现了学科素养的要求。这种认识将启示我们，可用学生对大观念的理解和应用作为学科素养的表达，而学科素养则是核心素养的集中体现。

第二，促进学习迁移的大观念有助于落实核心素养。大观念能有效地组织起学科零碎化的知识与技能，有助于学生的学习超越特定的情境，可应用于各种具体情境之中。学生一旦把握了这些大观念，它们将被用于各种情境，问题解决过程中所体现的大观念的学习要求形成了学生必须达成的目标。当学生在思考从学习主题中引出的可迁移观念和问题时，大观念使得思维超越了事实和活动，从而达到了更高的层次。

而核心素养具有很强的概括性，其落实体现在学生解决各类问题之中。这类素养显然不能局限于特定情境，而是适用于不同情境。这实质上描述出核心素养所具有的迁移特征与诉求。在这点上，大观念具有得天独厚的优势，因为它们所具备的概括性、永恒性、普遍性、抽象性与核心素养的迁移要求可谓无缝对接。

第三，隐含主要问题的大观念架构起指向核心素养的教学。若使学生理解与运用大观念，教师需要创设并组织相应学习活动，这些学习活动需要学生通过问题解决的方式来进行。这是因为大观念的理解与运用本身就需要在问题探究中落实。例如，对于大观念“光具有波的性质”，可设置一个对应的问题“在哪些方面，光的作用就像波？”它能吸引一群特定而多元的学习者。这种相应于大观念的问题可称之为主要问题，如果某个问题被视为是主要问题，必须满足以下基本条件：对大观念和核心内容引起相关的真实探究；启发深度思考、热烈讨论、持续的探究，以及新的理解和更多的问题；要求学生思考其他的选择、权衡证据、支持自己的概念、证明他们的答案；激发对大观念、假设，以及以前的课堂学习重要的、持续的重新思考；在之前的学习和个人经验之间激发有意义的联结；自然而然地重视概念——产生将概念迁移到其他情境和学科的机会。

可见，主要问题的功能是作为入口，通过这个入口学生可以探究关键的概念、主题、理论等，进而深化对大观念的理解。当然，主要问题不仅能引导学生有效地理解，而且也是产生有效教学内容的“方法”。在大观念视角下，主要问题以大观念为路标，促进学生掌握理解与运用大观念所需的多种技能。表9.2展示了如何以主要问题组织单元教学。

表9.2 以主要问题组织单元教学的方法

主要问题：为什么讲故事是重要的？	
学习活动1：教学活动	学习活动2：穿插的评价
用动漫“绿色森林”介绍寓言 举办寓言书展 要求学生描述自己与同学 描述童话中的人物性格 ……	任务：讨论 工具：教师观察学生 任务：制作图表 工具：轶事记录 ……

从学习方式看，学生借助主要问题，以问题解决的方式进行学习。而问题解决是由一定的情景引起的，按照一定的目标，应用各种认知活动、技能等，经过一系列的思维操作，使问题得以解决的过程。在此过程中，学生必须运用已有的知识基础提出问题、分析问题、提出假设、验证假设，以实现自我构建的学习，这恰恰是习得核心素养这种高阶素养的内在诉求。

六、如何寻找大观念？

就实际情况看，尽管我们有时可以从核心素养、学科素养中确定一些大观念，如数学上大家比较公认的关键素养——数学建模中的数学模型就是一种大观念，又如核心素养科学精神中的批判意识也是一种大观念，但大观念主要还是来自内容标准。当确定内容标准后，可用四种常见策略来确定大观念：

策略1：寻找内容标准中重复出现的名词或者重要的短语，并将此作为大观念。例如，对于“通过理解数学的概念，以及理解数学及数学模式在其他学科、日常生活中所扮演的角色，所有学生能够把数学联结到其他的学习”，相应的大观念为数学模式。大观念广泛出现在学科内容标准中，如科学中的有机体、系统、进化、循环、相互作用、能量与物质。除了单词或词语，内容标准的一些命题或短语也可代表大观念，如对于“说明资源的匮乏如何迫使人们做出选择以满足需要”，可确定

“资源的匮乏迫使人们做出选择”为大观念。

策略2：通过追问的方式确定大观念。例如，对于学科内容标准采取如下追问方式：为什么要学习该内容？该内容标准所暗示的大观念是什么？在更大的范围内，如何应用这些知识技能？学习该内容标准有什么价值？……

策略3：以配对的方式产生大观念。对内容标准的概念进行配对，如：光明与黑暗；资方与劳方；命运与自由；物质与能量；结构与功能；国家与人民；人性与教育……

策略4：用归纳的方式获得大观念。当出现几条内容标准时，可以通过归纳方式寻找大观念。

七、何谓主要问题?

主要问题的重要性在于它们为大观念提供了优先考虑的问题。例如，主要问题“机器人会变得有自我意识吗”，显然比琐碎问题“机器人是什么时候诞生的”更能引发学生思考、探索。就此布鲁纳大声疾呼：考虑到特定的学科主题或特定的概念，提问琐碎的问题很容易……提问毫无难度的问题也很容易。其诀窍在于找出可被回答又能使你有进步的中间问题。此处的“中间问题”即主要问题，不是靠一时的记忆就能回答，而是需要学生经常面对的问题，用它们来确定教学的优先次序是合理的。这是因为，主要问题指向大观念，有着令人惊喜的好处，它超越了具体知识技能，作为判断学生学习进步的标准，使得我们聚焦在问题上而不是答案上。因此，主要问题不只是一种手段或教学策略。主要问题可用来架构教学目标，提出及探求这些问题是教师与学生的责任。在某种程度上，可认为主要问题是目标“理解与运用大观念”的问题化，它们和大观念完全可视为一种学习或教学目标。

八、如何产生主要问题？它与子问题有何关系?

那么，如何产生主要问题？常见的一种方式是通过疑问副词来形成，如对于大观念“正义”，可形成主要问题“什么是正义”。另一种方式是用“疑问副词+大观念+动词+大观念”得到主要问题。例如，某个单元涉及价值观与冲突两个大观念，教学要求定位为运用大观念“价值观引起冲突”解释历史事件，我们可用“影响”来连接它们，形成“价值观影响冲突”的句子。然后，可用“为什么”“如何”“是何”等疑问副词来写出主要问题，如“为什么价值观会影响冲突”“价值观是如何影响冲突的”，另一种可行的办法是，把单元问题转化为单课或连课的问题，这些结合具体课程内容的问题将更具有情境化特征。

如果可能的话，可用不同层面的主要问题组织教学过程，可把学期或学年层面的主要问题分解为各个单元层面的主要问题（表9.3）。

表9.3　学期层面的主要问题分解

学期层面的主要问题	单元层面的主要问题
不同文化间是如何产生冲突的	什么是冲突 在1776年的美国人对英国法律反应中，文化因素如何发挥作用 如何在冲突中区分不同文化
系统中不同的模式是怎样显示出来的	什么是变量 什么是方程组 你将如何解决二元一次方程组问题
价值观如何影响决策	价值观在你生命中扮演着什么角色 你的决定是怎样展现出想法的重要性的 核心价值观与决策是如何关联的

在教学过程中，实施主要问题往往由众多学习活动来实现。设计严密的教学需要将这些活动按照一定秩序加以组织，它们之间构成有机的“活动网络”。图9.1提供了以某个主要问题组织学习活动的参考框架。

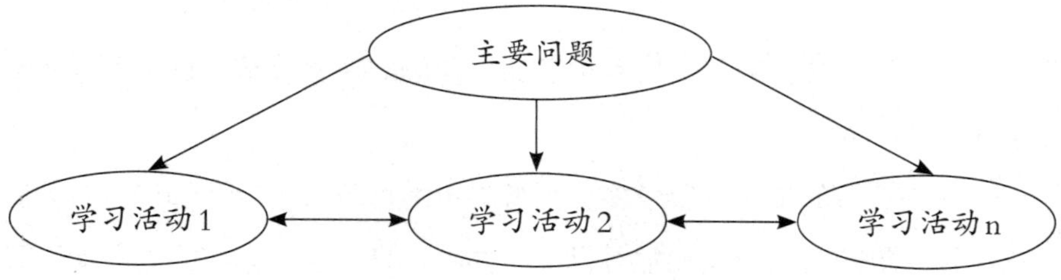

图9.1　主要问题组织学习活动框架

九、情感态度价值观的评价比较困难，能否省略？

长期以来，我国学生学业成就评价主要关注零碎化的知识与技能，较少关注一些复杂的素养和情感态度的维度。然而，核心素养是种统整性素养，其评价指向综合性素养，不仅包括知识技能，也包括情感态度和价值观。

从操作的角度看，我国核心素养评价可先分开评价知识技能与情感态度以便降低评价难度，等条件成熟后再整体地进行核心素养评价。在教师教育或中小学校本教研中加强档案袋、日常观察等评价工具方法的学习与培训，并在政策上规定相应考核措施，引导各类学校重视学生情感态度的发展，使得这方面的评价成为学校日常的专业活动。

十、评价任务是否非得用表现性任务？

原则上，由于学科核心素养、核心素养都是综合性素养，对于这种“大”素养的评价尽量要采用表现性任务，而且这种表现性任务所包含的目标容量要大，否则极可能出现零碎化知识的评价。在一些单元/模块课程纲要中，学习目标相对较少，用少量的表现性任务来统整评价相对可行，在学期/学年课程纲要中，学习目标相对较多，用少量的表现性任务来统整评价比较困难，再增加一些其他类型的评价任务也是现实的做法。当然这并不是绝对的，在评价任务过程中需要权衡教学实际，问题的关键在于怎么有效地让评价与目标匹配，确保有充分的证据来说明学生达到学习目标的情况。

十一、单元层面的测试需要考虑哪些基本事项？

第一，明晰所要评价的单元内容指向的大观念的学习要求、校本课程目标或学科核心素养、核心素养。

第二，如果涉及的单元内容较多，可考虑用细目表来指导评价任务的编制。细目表应描述要测量的行为表现和学习目标的样本，只有这样它们才能有助于我们确定评价任务的类型、确定每一个具体内容领域所需要的评价任务数量。

第三，尽量编写更多的评价任务。准备的评价任务数量应多于测验所需数量，这样在审核评价任务时就可以删除一些不合格的评价任务。同时这也有助于将最终的评价任务与细目表更好地结合起来。

第四，尽量用更多的表现性任务。这是因为核心素养、学科核心素养以及大观念的学习要求评价任务尽量用表现性评价。当然，单元评价也需要评价一些学科或课程内容，所以也需要用一些传统的选择题等题型。

第五，尽早编制出评价任务。将写好的评价任务放在一起，过几天再用全新的角度重新审阅，修改一些不太清楚或模棱两可的内容。

第六，写出每道评价任务。要仔细设计任务和指导语，使用简单易懂的语言，正确运用标点符号和语法，语言表达要精练，以获得含义清晰的测验题；在设计和检查测验时，必须将评价任务与欲测验的学习目标进行对照，确保它们相互匹配；避免评价任务之间的相互提示。编制任务的时候如果不小心，也许一道题目就会为其他题目提供有用的信息。比如说，选择题题干中的名字、日期或事件就可能会为一道简答题提供答案线索。

第七，编制的评价任务要适合学生的阅读水平。要使阅读难度和词汇水平尽可能相匹配，保证这些因素不会扭曲测验的结果。学生的反应应该由被测量的表现决定，而不受与评价目标无关因素的影响。

第八，确保每道评价任务的答案都得到专家的一致赞同。在测量比较复杂的题目时，尽量咨询专家的看法和建议，至少要请教相关专业水平较高的同事。

第九，每当重新修改评价任务时，要检查它们是否合适。研制评价任务并非一蹴而就，而是一个动态修改的过程。

十二、教师可采用哪些常见的形成性评价策略？

形成性评价有着不同的实施策略，下面我们简要地介绍布莱克和威廉的做法：

一是开展有效的课堂提问。课堂提问是一种很好的形成性评价方式，提问方式、候答时间是课堂提问的重要组成，它们影响学生学习。有效的提问方式要求：问题要清晰和有针对性；尽可能多地运用高质量的开放性问题；允许更多的学生参与讨论；积极地回应每个学生的回答，为学生营造一种在公共场合发表言论的安全感。候答时间也是影响学生学习的重要因素，教师在提出一个问题后，需要留足够的时间让学生去思考他们自己的答案。尤其是对于那些较为复杂的提问，更需要增加候答时间，否则课堂提问就失去了意义。

二是在作业中向学生提供适切的反馈。首先需要教师认识到，批改作业的主要目的在于缩短学生当前学习水平与学习目标的差距。因此，教师需要明晰三个对象，即学习目标、当前学习水平、下一步努力方向。然后通过适切的方式向学生反馈。这些反馈信息包括：关于学生自身的评论性信息、关于完成任务的过程性信息、关于完成任务的结果性信息、关于学生自我调节的信息。具体运作时，教师需要视实际情况选择信息类型，并及时准确地向学生提供反馈信息。

三是指导学生进行自我评价与同伴评价。关于自我评价方面，需要向学生提供学习目标，它能为学生提供清晰的努力方向，激发他们学习的意愿。一般来说，教师可向学生直接提供学习目标或者相关的评价标准（如评分规则）。具体操作时，教师要先确定一学年/学期中每个课程领域的学习目标，然后把这些目标张贴在教室合适的地方，或将它们编成学习目标手册，同时在学年里，不时地要求学生反思自己在这些目标上的进步情况。除此之外，教师还可以采用这些策略：为学生设计反思性作业单，与学生开展阶段性访谈，督促学生回顾日记、笔记、成长记录袋等，为学生准备评分规则与核查表。关于同伴评价方面，教师至少需要为学生提供或引导学生制订同伴互评的学习契约，同时提供评价内容的评分规则。

四是灵活运用总结性评价结果。这要求教师发挥总结性评价结果的作用，以便它更好地促进学生学习。例如，教师可以把学生的典型问题或错误归类，并在课堂上加以分析与指导；又如，教师可把学生的问题进行分类，然后通过抽签方式让学生回答其他学生的问题，而教师在必要时做出点评。

附录B　中国学生发展核心素养①

学生发展核心素养，主要是指学生应具备的，能够适应终身发展和社会发展需要的必备品格和关键能力。研制中国学生发展核心素养，根本出发点是将党的教育方针具体化、细化，落实立德树人根本任务，培养全面发展的人，提升21世纪国家人才核心竞争力。

一、总体框架

中国学生发展核心素养，以“全面发展的人”为核心，分为文化基础、自主发展、社会参与三个方面，综合表现为人文底蕴、科学精神、学会学习、健康生活、责任担当、实践创新六大素养。根据这一总体框架，可针对学生年龄特点进一步提出各学段学生的具体表现要求。

① 2016年9月13日，中国学生发展核心素养研究成果发布会在北京师范大学举行。学生发展核心素养，主要指学生应具备的，能够适应终身发展和社会发展需要的必备品格和关键能力。研究学生发展核心素养是落实立德树人根本任务的一项重要举措，也是适应世界教育改革发展趋势、提升我国教育国际竞争力的迫切需要。

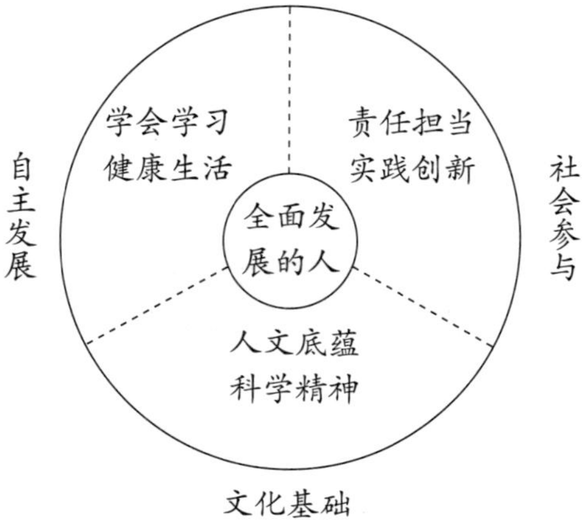

二、基本内涵

（一）文化基础

文化是人存在的根和魂。文化基础，重在强调能习得人文、科学等各领域的知识和技能，掌握和运用人类优秀智慧成果，涵养内在精神，追求真善美的统一，发展成为有宽厚文化基础、有更高精神追求的人。

●人文底蕴

人文底蕴主要是学生在学习、理解、运用人文领域知识和技能等方面所形成的基本能力、情感态度和价值取向。具体包括人文积淀、人文情怀和审美情趣等基本要点。

●科学精神

科学精神主要是学生在学习、理解、运用科学知识和技能等方面所形成的价值标准、思维方式和行为表现。具体包括理性思维、批判质疑、勇于探究等基本要点。

（二）自主发展

自主性是人作为主体的根本属性。自主发展，重在强调能有效管理自己的学习和生活，认识和发现自我价值，发掘自身潜力，有效应对复杂多变的环境，成就出彩人生，发展成为有明确人生方向、有生活品质的人。

●学会学习

学会学习主要是学生在学习意识形成、学习方式方法选择、学习进程评估调控等方面的综合表现。具体包括乐学善学、勤于反思、信息意识等基本要点。

●健康生活

健康生活主要是学生在认识自我、发展身心、规划人生等方面的综合表现。具体包括珍爱生命、健全人格、自我管理等基本要点。

（三）社会参与

社会性是人的本质属性。社会参与，重在强调能处理好自我与社会的关系，养成现代公民所必须遵守和履行的道德准则和行为规范，增强社会责任感，提升创新精神和实践能力，促进个人价值实现，推动社会发展进步，发展成为有理想信念、敢于担当的人。

●责任担当

责任担当主要是学生在处理与社会、国家、国际等关系方面所形成的情感态度、价值取向和行为方式。具体包括社会责任、国家认同、国际理解等基本要点。

●实践创新

实践创新主要是学生在日常活动、问题解决、适应挑战等方面所形成的实践能力、创新意识和行为表现。具体包括劳动意识、问题解决、技术应用等基本要点。

三、主要表现

表1　中国学生发展核心素养基本要点和主要表现

	核心素养	基本要点	主要表现描述
文化基础	人文底蕴	人文积淀	重点是：具有古今中外人文领域基本知识和成果的积累；能理解和掌握人文思想中所蕴含的认识方法和实践方法等
		人文情怀	重点是：具有以人为本的意识，尊重、维护人的尊严和价值；能关切人的生存、发展和幸福等
		审美情趣	重点是：具有艺术知识、技能与方法的积累；能理解和尊重文化艺术的多样性，具有发现、感知、欣赏、评价美的意识和基本能力；具有健康的审美价值取向；具有艺术表达和创意表现的兴趣和意识，能在生活中拓展和升华美等
	科学精神	理性思维	重点是：崇尚真知，能理解和掌握基本的科学原理和方法；尊重事实和证据，有实证意识和严谨的求知态度；逻辑清晰，能运用科学的思维方式认识事物、解决问题、指导行为等
		批判质疑	重点是：具有问题意识；能独立思考、独立判断；思维缜密，能多角度、辩证地分析问题，作出选择和决定等
		勇于探究	重点是：具有好奇心和想象力；能不畏困难，有坚持不懈的探索精神；能大胆尝试，积极寻求有效的问题解决方法等

（续表）

	核心素养	基本要点	主要表现描述
自主发展	学会学习	乐学善学	重点是：能正确认识和理解学习的价值，具有积极的学习态度和浓厚的学习兴趣；能养成良好的学习习惯，掌握适合自身的学习方法；能自主学习，具有终身学习的意识和能力等
		勤于反思	重点是：具有对自己的学习状态进行审视的意识和习惯，善于总结经验；能够根据不同情境和自身实际，选择或调整学习策略和方法等
		信息意识	重点是：能自觉、有效地获取、评估、鉴别、使用信息；具有数字化生存能力，主动适应“互联网+”等社会信息化发展趋势；具有网络伦理道德与信息安全意识等
	健康生活	珍爱生命	重点是：理解生命意义和人生价值；具有安全意识与自我保护能力；掌握适合自身的运动方法和技能，养成健康文明的行为习惯和生活方式等
		健全人格	重点是：具有积极的心理品质，自信自爱，坚韧乐观；有自制力，能调节和管理自己的情绪，具有抗挫折能力等
		自我管理	重点是：能正确认识与评估自我；依据自身个性和潜质选择适合的发展方向；合理分配和使用时间与精力；具有达成目标的持续行动力等
社会参与	责任担当	社会责任	重点是：自尊自律，文明礼貌，诚信友善，宽和待人；孝亲敬长，有感恩之心；热心公益和志愿服务，敬业奉献，具有团队意识和互助精神；能主动作为，履职尽责，对自我和他人负责；能明辨是非，具有规则与法治意识，积极履行公民义务，理性行使公民权利；崇尚自由平等，能维护社会公平正义；热爱并尊重自然，具有绿色生活方式和可持续发展理念及行动等
		国家认同	重点是：具有国家意识，了解国情历史，认同国民身份，能自觉捍卫国家主权、尊严和利益；具有文化自信，尊重中华民族的优秀文明成果，能传播弘扬中华优秀传统文化和社会主义先进文化；了解中国共产党的历史和光荣传统，具有热爱党、拥护党的意识和行动；理解、接受并自觉践行社会主义核心价值观，具有中国特色社会主义共同理想，有为实现中华民族伟大复兴中国梦而不懈奋斗的信念和行动

（续表）

	核心素养	基本要点	主要表现描述
社会参与	责任担当	国际理解	重点是：具有全球意识和开放的心态，了解人类文明进程和世界发展动态；能尊重世界多元文化的多样性和差异性，积极参与跨文化交流；关注人类面临的全球性挑战，理解人类命运共同体的内涵与价值等
	实践创新	劳动意识	重点是：尊重劳动，具有积极的劳动态度和良好的劳动习惯；具有动手操作能力，掌握一定的劳动技能；在主动参加的家务劳动、生产劳动、公益活动和社会实践中，具有改进和创新劳动方式、提高劳动效率的意识；具有通过诚实合法劳动创造成功生活的意识和行动等
		问题解决	重点是：善于发现和提出问题，有解决问题的兴趣和热情；能依据特定情境和具体条件，选择制订合理的解决方案；具有在复杂环境中行动的能力等
		技术应用	重点是：理解技术与人类文明的有机联系，具有学习掌握技术的兴趣和意愿；具有工程思维，能将创意和方案转化为有形物品或对已有物品进行改进与优化等

参考文献

[1]崔允漷.追问“核心素养”[J].全球教育展望，2016（5）：9.

[2]申继亮.把握育人方向 创新育人模式：解读教育部《关于全面深化课程改革落实立德树人根本任务的意见》[J].基础教育课程，2015（3）：3.

[3]核心素养研究课题组.中国学生发展核心素养[J].中国教育学刊，2016（10）：1-3.

[4]张华，钟启泉.课程与教学论[M].上海：上海教育出版社，2000：2.

[5]徐献军.具身认知论：现象学在认知科学研究范式转型中的作用[M].杭州：浙江大学出版社，2009：40.

[6]郭宝仙.核心素养评价：国际经验与启示[J].教育发展研究，2017（4）：8.

[7]邵朝友，周文叶，崔允漷.基于核心素养的课程标准研制：国际经验与启示[J].全球教育展望，2015（8）：10.

[8]邵朝友.基于学科能力的表现标准研究[D].上海：华东师范大学，2014：134.

[9]朱伟强，崔允漷.关于内容标准的分解策略和方法[J].课程.教材.教法，2011（10）：6.

[10]斯蒂金斯.促进学习的学生参与式课堂评价[M].国家基础教育课程改革“促进教师发展与学生成长的评价研究”项目组译.北京：中国轻工业出版社，2005.

[11]张雨强.走向整合的学习评价：访美国国家评价、标准及学生考试研究中心主任Joan Herman[J].基础教育课程，2012（11）：4.

[12]邵朝友.指向核心素养的逆向课程设计[M].上海：华东师范大学出版社，2018.

[13]邵朝友.促进学习的课堂评价：理论与实践[M].上海：上海交通大学出版社，2015.

[14]邵朝友.评分规则的理论与技术[M].杭州：浙江大学出版社，2018.

[15]林秋雨，周文叶.单元设计中的评价：以表现性评价促进“教—学—评”一致：以斯坦福大学NGSS评价项目为例[J].上海教育，2021（32）：30-35.

[16]邵朝友.基于学习进程的形成性评价：难为与可为[J].教育发展研究，2013，33（20）：41-45.

[17]马云鹏.数学核心素养及其特征分析[J].小学教学：数学版，2017（1）：8-11.

[18]马兰，盛群力.课堂教学设计：整体化取向[M].杭州：浙江教育出版社，2011：110-111.

[19]加依，柯蕾.建构主义学习设计：标准化教学的关键问题[M].宋玲，译.北京：中国轻工业出版社，2008：5-6.

[20]哈伦.科学教育的原则和大概念[M].韦珏，译.北京：科学普及出版社，2011：20.

[21]郁振华.人类知识的默会维度[M].北京：北京大学出版社，2012：38.

[22]United National Educational，Scientific and Cultural Organization（UNESCO）Institute for Education.Nurturing the treasure：Vision and strategy 2002-2007[R]. Hamburg，2003.

[23]RYAN，A.G. Program evaluation within the paradigm：Mapping the territory [J]. Knowledge：Creation，Diffusion，Utilization，1988，10（1）：25-47.

[24]AIKENHEAD，G. A framework for reflecting on assessment and evaluation[R]. Seoul，Korea，1997.

[25]NZCER.Documenting learning of the key competencies：What are the issues?[R].Wellington，2005.

[26]European Parliament，Council of the European Union. Recommendation of the European Parliament and of the Council of 18 December 2006 on key competences for lifelong learning[J]. Official Journal of the European Union，2006（962）：10-18.

[27]PEPPER，D. Assessing Key Competences across the Curriculum and Europe[J]. European Journal of Education，2011，46（3）：335-353.

[28]WILIAM，D.Embedded formative assessment[M]. US，Solution Tree Press，2011：27-33.

[29]BERRY，R. & ADAMSON，B.Assessment Reform in Education：Policy and Practice[M]. London，Springer，2011：16-17.

[30]AINSWORTH，L. "Unwrapping" the Standards：A Simple Process to Make Standards Manageable[M]. Englewood：lead+learn press，2003：2-20.

[31]TORRANCE，H.& PRYOR，J.Developing formative assessment in the classroom：Using action research to explore and modify theory[J].British Education Research Journal，2001，27（5）：615-631.

[32]RUIZ-PRIMO，M.A. & FURTAK，E.M.Informal formative assessment and scientific inquiry：Exploring teachers' practices and student learning[J].Educational Assessment，2006，11（3/4）：205-235.

[33]GARDNER，J.Assessment and Learning[M].London：Sage Publications，2006：90.